"指南"视域下
学校"六育人途径"创新实践

梁 莉 著

上海交通大学出版社
SHANGHAI JIAO TONG UNIVERSITY PRESS

内容提要

本书的主要内容为当前基层学校在《中小学德育工作指南》视域下围绕"立德树人"根本任务进行的实践和创新发展,旨在破解新时代德育工作中出现的新问题和新变化,形成学校育人的新经验和新方法。本书可供教育工作者,特别是中小学德育工作者和大专院校研究者参考和借鉴。

图书在版编目(CIP)数据

"指南"视域下学校"六育人途径"创新实践 / 梁莉著. —上海：
上海交通大学出版社,2021
ISBN 978-7-313-24261-7

Ⅰ.①指…　Ⅱ.①梁…　Ⅲ.①中小学一德育工作一研究
Ⅳ.①G631

中国版本图书馆 CIP 数据核字(2021)第 056500 号

"指南"视域下学校"六育人途径"创新实践
ZHINANSHIYUXIA XUEXIAO LIUYURENTUJING CHUANGXIN SHIJIAN

编　　者：梁　莉
出版发行：上海交通大学出版社
邮政编码：200030
印　　制：当纳利(上海)信息技术有限公司
开　　本：787mm×1092mm　1/16
字　　数：224 千字
版　　次：2021 年 4 月第 1 版
书　　号：ISBN 978-7-313-24261-7
定　　价：58.00 元

地　　址：上海市番禺路 951 号
电　　话：021-64071208
经　　销：全国新华书店
印　　张：11
印　　次：2021 年 4 月第 1 次印刷

亲亲大姐范　浓浓德育情

　　此时,我正在楼下小区里遛弯儿。上海已经进入了气象意义上的冬季了,可实际呈现出来的却是一派浓得似乎化不开的秋韵——天高云淡,万里晴空,映衬着尽带黄金甲的杏树黄,胜似二月花的枫叶红,冲天香阵透心肺的香樟绿,碧青遍地如地毯的青青草……真可谓赤橙黄绿青蓝紫,万物霜天竞自由。享受着色彩如此绚丽浓烈而又通体明朗令人神清气爽的初冬秋韵,我忽然想起了梁莉老师——她是我们第二轮"双名"基地德育一组的学员,被大家亲切地尊称为"大姐",其缘由就是她有一派令人不得不钦佩的"大姐范儿":古道热肠,甘于助人;为人爽直,率真坦荡;爱憎分明,嫉恶如仇;平易亲和,领导力强。尤其是独钟德育的一往情深,执着追求、不忘初心的责任担当,高远的教育境界和大气的胸怀格局,就犹如眼前初冬的秋韵!

　　和梁莉相识相知到深交深知,至今已有近十年的光景,期间我亲眼见证了她从福山外国语小学的政工教导,到挑起了福山花园外国语小学党支部书记的重担,直至如今成为福山证大外国语小学书记兼校长的发展历程。尽管几度转换单位,不变的是她那股浓浓的德育情。她扎根学校德育,锐意改革创新,潜心立德树人,每到一处,总能以其亲亲大姐范和浓浓德育情,催生怒放的德育之花,收获丰硕的德育之果,交出了一份份惊艳的德育之卷。不信? 有诗文佐证。

　　2015 年末,正值时序更替之际,"双名"基地德育一组举办了一场别具一格的迎新辞旧活动。为了感谢学员们的初心坚守和使命担当,我给每个人量身定制了一首嵌名诗,并亲手书写在贺岁红包上,作为新年礼物以赠之。这是我写给梁莉的:

　　　　杏坛巾帼舞蹁跹,绕梁余韵不等闲。

　　　　嘉言懿行率人先,一片靓丽惊福山。

2018年5月,欣闻浦东新区福山外国语花园小学党支部书记梁莉荣获"五一劳动奖章"喜讯,高兴不已,特作小诗一首以贺之:

> 五月鲜花真艳丽,捧上一束献梁莉。
>
> 劳动奖章胸前挂,激励老骥再伏枥。

2019年4月应梁莉书记的邀请,参加了福山花园外国语小学的主题活动,激动的心情久久不能平静,谨作五律一首以贺之:

> 人间最美四月天,改革开放不惑年。
>
> 外语节上舞东风,文化周里话变迁。
>
> 花园沃土花不衰,福山宝地福常伴。
>
> 师生高奏主旋律,立德树人续新篇。

2020年9月证大师德大讲堂开讲,我以二副对联赋能全体老师:

> 上联:福山福娃福恒远
>
> 下联:花园花朵花尤艳
>
> 横批:功在园丁
>
> 上联:福山福地育福娃
>
> 下联:花园花季护花朵
>
> 横批:感恩园丁

......

2018年,梁莉也有了自己的工作室,成为了浦东新区中小学德育工作坊的主持人。2020年上半年,她曾经跟我谈起,想就学校如何落实教育部颁发的《中小学德育工作指南》精神,把她近几年研究的成果整理集结成册,出一本专著,并托我为之作序。不曾料想,一年不到,这本书就已经完稿,即将付之梨枣,真可谓博观而约取,厚积而薄发啊!作为梁莉老师处女作的"初读",我欣然应允。因为无论从哪个角度,或师徒缘、同行谊、或忘年交、德育情……我都认为这是一本值得点赞和"打call"的好书,其理由有二:

第一,书中自有高站位,凸显了"依据"意识。

首先是法规政策依据。本书取名《"指南"视域下学校"六育人途径"创新实践》,以国家教育部颁发的法规文件为依据,按照"课程育人、文化育人、活动育人、实践育人、管理育人、协同育人"等六大途径,"上接天线",主动回应党和政府提出的立德树人这个教育根本任务,使本书具有了很高的政治站位。其次是理论依据。本书聚焦"指南"视域下学校德育的改革与创新,遵循德育规律,运用科学理论,对当下学校德育的难点、热点和重点,进行了提纲挈领、鞭辟入里的分析,提供了强有力的理论支撑,让理论之树长青,"它山之石,可以攻玉",因此本书具有很高的学术站位。再次是现实依据。本书坚持以问题和需求为导向,站在新时代、新挑战、新变化、新期盼的高度,针对基层学校德育工作的实际现状和瓶颈短板,用问题驱动思考,把问题转换需求,"对接地气",与时俱进,为改革和创新学校德育提供了实践性的、具有现实感的对策建议以及先进经验和鲜活做法,给出了理论与实践相结合的解惑之道和可借鉴与可操作的克难之招,具有了很高的实践站位。

总之,本书聚焦立德树人的教育根本任务,始终瞄准学校德育发展的前沿走势,一切从问题出发,以需求为引领,"上接天线""中接理论""下接地气",体现了作者敏锐的前瞻性思维和与时俱进的大视野,具有成果性的应用转换价值和可操作的辐射价值,值得点赞和推荐。

第二,书中自有精气神,凸显了使命担当。

胸有德才艺,笔舞精气神。我们能看到本书的成果价值和综合站位;但我们更能透过浓浓的墨香,悟出这本书背后映衬出的精气神——一种由献身教育的初心、爱满天下的情怀、立德树人的执着追求和高远的教育境界等叠映而成的崇高精神;具体表现为扎根学校德育,坚守人文关怀,把学校德育看成是一种积淀思想、浸润素养、涵养精神、成长文化和发展生命的过程,真正从过度追求功利价值转向追求教育对人的幸福和发展本原价值的尊重和回归。一种由锐意改革、开拓创新、务本求实、追求卓越的精神,具体表现为爱岗敬业、守望学生,不为功利所诱所累,无痕则柔,无欲则刚,无私则天地宽的大气度;修身自为,严以律己,让正气、才气、大气和志气充盈自己强大内心的大气概;平易亲和,宽以待人,亲力亲为,率先垂范,以淬炼自己鲜明的特色和风格团结人、帮助人、影响人、感染人的大气场。一种由健康的价值观、高尚的道德情操,站在时代前头的学术水平,不言之教的人文力量和润物细无声的人格魅力等集萃而成的美丽神韵。具体表现为用自己政治理想、个人品德、心理品质、行为习惯、社交能力和审美情趣,塑造了新时代学校领导的神采和风度;用关爱和公正、信任和宽容、真诚和激情、学识和能力,塑造了一个具有平等性、亲和力、宽容度和时尚感的德育工作者的韵致和形象。

我想,也许这就是"大姐范"的德育情结之所在,也许这就是本书能给人以感动,启人以理性,催人以奋进的力量之源泉。

写完这段文字,日历已经翻到了 12 月 21 日——庚子年冬至节令,预示着我们将进入数九寒天的严冬,同时也预示着多灾多难的 2020 年将很快落下帷幕。望着窗外一年中最短白日的余晖,我想起了英国浪漫主义诗人雪莱诗作《西风颂》里的著名诗句:"冬天来了,春天还会远吗?"是啊,我们完全有理由期待:来年的春天一定更美好!不禁诗兴又起,作五律一首收尾。

亲亲大姐范,浓浓德育情。

铮奏主旋律,弦歌续初心。

立德担使命,树人谱华章。

指南落地声,不绝绕梁音。

谨以此序作为新年礼物献给梁莉老师,献给以她为代表的所有德育工作者,并与她(他)们共勉,携手喜迎更加美好的新一年!

忘年朋友　陈镇虎

写于非常之年即将逝去

美好新年即将来临的 2020 年冬至日

前　言

　　为深入贯彻落实教育工作立德树人的根本任务,加强对中小学德育工作的指导,教育部于 2017 年 8 月发布了《中小学德育工作指南》(以下简称"指南")。该"指南"按照四个学段提出了分层次的德育目标,明确了德育内容,细化了实施途径,将在今后相当长一段时间内指导中小学德育工作,照亮德育工作的新形势,成为新时代德育工作的"新航路"。

　　德育工作重在落实,而"指南"提出的"课程育人、文化育人、活动育人、实践育人、管理育人和协同育人"六大育人途径将德育目标和内容切实落实到学校日常管理的各方面、各环节中,可操作性强。

　　笔者从教 31 年,长期坚守在德育工作第一线,在班主任、德育主任、学生发展部主任、分管德育副校长、校长书记等不同岗位摸爬滚打,从不同角度看待德育现象,寻找相应策略,解决具体问题。曾主持开展市、区级德育工作课题研究十余项,在学生人格养成、家校合作、德育活动课程设计、班主任培训等领域均有研究成果,从而积累了丰富的育人经验。

　　本书是笔者主动对接《中小学德育工作指南》,在"指南"构建的德育工作框架下,基于多年扎实的基层教育实践经验,以"六大育人途径"为切入点,重新厘清并尊重学生主体地位,注重培养学生自主意识,让自我教育成为德育主导的一次实践。同时,深入剖析新时代德育工作出现的新问题和新变化,从破解当下学校德育工作中的问题和难点出发,进行系列化研究,理论联系实际,积极探索新形势下中小学德育工作的特点和规律,形成课程、文化、活动、实践、管理和协同育人方面的新经验和新办法。希望本书能够为新时代学校德育工作的创新发展,也为那些埋头苦干的基层德育工作者们提供可借鉴的宝贵经验,增强他们做美好德育的信心。

梁　莉

2021 年 1 月

目 录

第 一 篇

"六育人" 概述

马克思把人的全面而自由的发展以及全人类的前途和命运作为自己毕生奋斗的最高目标,将其作为衡量社会发展的最高价值标准。新形势下,教育要牢牢抓住"立德树人"这一根本,为人的自由而全面发展不断奋斗。办教育,首先要明了来时的路,把稳未来的舵,这样才能纲举目张,胸有成竹,迈好脚下的步。

基于此,笔者对德育工作的指导思想有了更加清晰的理解:确立"立德树人是教育的根本任务",要践行社会主义核心价值观,要形成全程育人、全方位育人的德育工作格局。在这个基础上,笔者对《中小学德育工作指南》做了提炼,提出了德育工作的几个根本点:构建德育工作的"一个体系",深化德育工作的"两个结合",抓好德育工作的"三个关键点",坚持德育工作的"四个基本原则",明确中小学德育工作的"五项主要内容",创新德育工作的"六大实施途径"。关于"六大实施途径",笔者认为在操作层面上,应强调"指明方向"的三个含义:指示德育途径,切实改变单一的灌输说教;指明德育主体,回归端正学生的成长地位;指导德育操作,将德育落小落细落实。

看似简短的三篇文章包含了作者的用心和匠心。我们有理由相信,依照"六育人途径",学生会在文化的浸润下,灵魂丰盈,行为高标,历经生活中的磨难,与环境协调,与自己对话,在正确的方向上,不断修行,渐渐完善。

新时代德育工作的发展历程

新的时代,新的征程!习近平总书记在十九大报告中指出:"要全面贯彻党的教育方针,落实立德树人根本任务,发展素质教育,推进教育公平,培养德智体美全面发展的社会主义建设者和接班人。"改革开放 40 多年来,全国德育工作不断深化和发展,大致经历了三个发展阶段。

一、总结经验,不断探索(1992—2001)

以邓小平同志 1992 年年初重要谈话和党的第十四次代表大会为标志,我国改革开放和社会主义现代化建设事业进入了一个新的发展阶段。其后,在以江泽民同志为核心的党中央领导下,学校德育工作在总结经验的基础上不断探索前进,在全面贯彻教育方针,提高学生思想道德和科学文化素质,培养合格人才,促进学校改革、发展和维护学校、社会稳定方面发挥了积极作用,取得了显著成绩。此阶段的德育工作总体上有以下 6 方面特征。

(一)适应新形势要求,学校德育工作新挑战

1994 年 8 月 31 日,《中共中央关于进一步加强和改进学校德育工作的若干意见》印发,对新形势下学校德育工作提出了更高要求:在经济体制发生重大变化,以公有制和按劳分配为主体,其他多种经济成分和分配方式并存的条件下,如何坚持社会主义意识形态的主导地位,用马克思列宁主义、毛泽东思想和邓小平理论教育青少年;在进一步扩大对外开放、学习国外先进科学技术和管理经验的条件下,如何教育青少年正确认识我国国情,继承和发扬中华民族优秀文化传统和中国共产党领导下的革命斗争传统,树立民族自尊、自信、自强、自立的精神等。这些都是学校德育工作需要研究和解决的新课题。

2000 年 12 月,《中共中央办公厅、国务院办公厅关于适应新形势进一步加强和改进中小学德育工作的意见》颁布,分析了世纪之交的新形势:一是中央确定了深化教育改革、全面推进素质教育的战略任务,对中小学德育工作提出了新的要求;二是切实提高中小学德育工作的针对性和实效性;三是大力加强教师职业道德建设;四是全社会共同努力,各部门通力协作,保障青少年健康成长;五是切实加强对中小学德育工作的领导。教育部随后发出了《关于学习贯彻〈中共中央办公厅、国务院办公厅关于适应新形势进一步加强和改进中小学德育工作的意见〉的通知》,部署落实新形势下的德育

工作。

（二）坚持社会主义精神文明建设的方向

1996 年,党的十四届六中全会审议通过的《中共中央关于加强社会主义精神文明建设若干重要问题的决议》指出,加强社会主义精神文明建设是一项重大战略任务。这是我国社会主义精神文明建设的行动纲领,体现了我党物质文明和精神文明"两手抓,两手都要硬"的战略思想,对学校德育工作具有重要的指导意义。

学校是社会主义精神文明建设的主阵地,承担着为社会主义现代化建设培养建设者和接班人的任务。学校的德育工作是社会主义教育的重要组成部分,要把青少年培育成有理想、有道德、有文化、有纪律的"四有"新人,就要帮助他们树立正确的人生观、世界观、价值观,打牢为建设中国特色社会主义而奋斗的思想基础。这就要求学校必须把德育工作当成社会主义精神文明建设的基础工程抓紧抓好。

（三）德育系统工程建设,打开德育新格局

1988 年至 1998 年间,国家教委相继出台了《小学生德育纲要(试行草案)》《中学德育大纲(试行草案)》《中国普通高等学校德育大纲》《中小学德育工作规程》,按照小学、中学和高等学校的阶段性要求,对大中小学德育目标、德育内容、德育原则、德育途径、德育的领导与管理等方面作了全面的规划,体现了把学校德育作为一项系统工程建设的思想。同时期,国家教委颁布和印发了《小学生日常行为规范(实行草案)》《中学生日常行为规范(试行草案)》《高等学校学生行为准则(试行)》《小学班主任工作暂行规定(试行草案)》《中学班主任工作暂行规定》《关于中学生品德评定的几点意见(试行稿)》《共青团中央、国家教委、全国少工委关于中学少先队工作的若干规定》《共青团中央关于当前高等学校共青团工作的几点意见》等系列制度和文件,明确了大中小学德育工作中各部门的管理职责、队伍建设与管理等要求,使学校德育工作的展开不仅有了依据,也有了抓手,落地进程不断加快。

在 1992 年至 1997 年间,国家教委还相继印发了《全日制中学思想政治课教学大纲》《国家教委关于中等职业技术学校政治课课程设置的意见》《全日制普通高级中学思想政治课课程标准(试行)》《九年义务教育小学思想品德课和初中思想政治课课程标准(试行)》。这些课程标准进一步科学规划了九年义务教育阶段小学思想品德课和初中思想政治课的教学内容体系,完善了高中思想政治课的教学内容,完成了小学思想品德课与中学思想政治课的整体衔接的任务。不同学段德育课程的衔接进一步体现了把学校德育作为一项系统工程建设的思想。

从总体上看,在这一阶段,学校德育工作的重要性被放到了一个全新的高度。但面对新形势的要求,学校德育工作尚有不足之处。

（四）面对新的形势和要求,学校德育工作还很不适应

在此阶段中,面对国内外形势的新变化、教育改革与发展的新任务和青少年思想教育工作的新情况,中小学德育工作还很不适应,重智育轻德育、一手硬一手软的现象依然在一些地方和学校严重存在;德育工作不适应全面推进素质教育的要求、方法,并

且实施手段滞后。加快改革开放和现代化建设步伐以及教育改革和发展的新形势、新任务迫切地要求德育工作更好地发挥对青少年学生健康成长的导向、动力、保证作用。

(五)德育工作的针对性和实效性有待完善

这一阶段的德育工作脱离了青少年学生身心发展的特点,并且还未适应社会生活的新变化。重课堂教学轻社会实践,重校内教育轻校外教育的倾向比较严重;全社会关心和支持教育的风气尚未全面形成,一些地区的社会环境不利于青少年学生健康成长。在此背景下,德育工作要坚持正确的指导思想,遵循由浅入深、循序渐进的原则,确定不同教育阶段的内容和要求。

(六)教师职业道德建设需大力加强

教师职业道德建设是加强中小学德育工作和全面推进素质教育的关键环节,一些教师的思想道德素质与教书育人、为人师表的要求存在较大差距,教师职业道德建设亟待加强。因此,各级党委、政府和教育行政部门、中小学将教师职业道德建设放在教师队伍建设的突出地位,采取切实措施,大力提高中小学教师职业道德素质。

二、系统建设,寻求突破(2002—2012)

2002年11月,党的十六大胜利召开,我国进入全面建设小康社会的新时期。十六大和十六届三中全会、四中全会从全面建设小康社会、开创中国特色社会主义事业新局面的全局出发,明确提出构建和谐社会的战略任务。2006年10月,中共中央十六届六中全会审议通过《中共中央关于构建社会主义和谐社会若干重大问题的决定》,将"和谐"列入现代化建设的奋斗目标,提出坚持教育优先发展,促进教育公平。这一阶段的主要任务是全面贯彻党的教育方针,大力实施科教兴国战略和人才强国战略,全面实施素质教育,深化教育改革,提高教育质量,建设现代国民教育体系和终身教育体系,保障人民享有接受良好教育的机会。本阶段主要存在以下6方面特征。

(一)育人为本,德育为先

1993年,《中国教育改革和发展纲要》提出中小学要由"应试教育"转到全面提高国民素质的轨道。1999年,第三次全国教育工作会议召开,江泽民同志在此次会议讲话中,把素质教育概括为科学文化素质和思想品德素质两个主要方面,思想政治素质是最重要的素质,德育应该是素质教育的重要内容居于素质教育首位。

2001年,教育部发出《关于学习贯彻〈中共中央办公厅、国务院办公厅关于适应新形势进一步加强和改进中小学德育工作的意见〉的通知》,该通知明确指出,必须坚持把学校德育工作摆在素质教育的首要位置,树立育人为本的思想,将"思想政治素质是最重要的素质"的要求落实到教育工作中的各个环节。2003年10月,党的十六届三中全会提出了科学发展观,以此为标志,我国进入了以人为本的发展时代。2004年2月,中共中央国务院颁发了《中共中央国务院关于进一步加强和改进未成年人思想道德建设的若干意见》,针对未成年人身心成长的特点,积极探索新阶段未成年人思想道德建设的规律,坚持以人为本,教育和引导未成年人树立中国特色社会主义的理想信念和正确的世界观、人生观、价值观,养成高尚的思想品质和良好的道德情操。德育工作指示思想从建设社会主义精神文明的要求转化为"育人为本、德育为先"。

(二) 德育工作与基础教育改革协同发展

为贯彻《中共中央国务院关于深化教育改革全面推进素质教育的决定》和《国务院关于基础教育改革与发展的决定》,教育部大力推进基础教育课程改革,调整和改革基础教育的课程体系、结构、内容,构建符合素质教育要求的新的基础教育课程体系。2001年,教育部印发了《基础教育课程改革纲要(试行)》,不仅对课程改革提出了具体的要求,也对新形势下学校如何搞好德育工作提出了具体要求。

本阶段中,国际竞争日趋激烈,如何适应这种竞争是学校教育要解决好的问题。学校必须紧密结合实际,按照时代要求,分层构建起符合新教育理念的德育工作目标体系。同时,加强符合新教育理念的德育队伍建设,这是提高德育队伍素质、落实德育工作任务、实现德育工作目标的保证。面对新形势下的新情况,还必须调整和充实德育内容。要在新教育理念的指导下,在继续加强爱国主义教育、社会主义教育、中华民族悠久历史和优良传统教育、社会主义民主法制教育、国防教育和国家安全教育、民族团结教育的基础上,加强学生的创新教育、实践教育、人文素养教育、环境意识教育和心理健康教育。德育评价是学校德育工作的重要环节,也是保证学校德育目标实现的必要措施。构建符合新教育理念的德育评价体系,保证学校德育目标的全面实现。

(三) 整体规划大中小学德育体系

2005年,教育部正式出台的《教育部关于整体规划大中小学德育体系的意见》指出,整体规划大中小学德育体系就是根据不同教育阶段学生的身心特点、思想实际和理解接受能力,准确规范德育目标和内容,科学设置德育课程,积极开展德育活动,努力拓展德育途径,有针对性地进行教育和引导,使学校德育更具科学性,更好地促进青少年学生全面健康成长。该文件提出了大中小学德育一体化的原则和要求,准确规范了各教育阶段德育目标和内容,科学设置各教育阶段德育课程,提出了各阶段德育活动的要求及其实施方式,使大中小学德育工作形成一个前后衔接的有机体系。

从总体上看,这一阶段学校德育工作的突出特点是把德育放在以人为本的科学发展观的大背景中去建设,学校德育工作取得前所未有的突破式发展。但应对新时代的挑战,学校德育工作尚有待完善之处。

(四) 德育工作管理对素质教育的贯彻不足

从国家对德育的要求来看,把德育作为素质教育的核心,体现出国家对德育工作的重视程度,可是各个学校的德育工作落实情况却不尽如人意。有些德育工作者工作方式简单划一,流于形式,应付上级检查,没有把德育工作落到实处,教育效果大打折扣。学校教育唯分数论,育人观念淡化,虽然当前中小学都设置和配备了专门的德育机构和工作人员专门负责全校德育工作,但还是以应试教育为工作主要着力点。

(五) 大中小学德育衔接过程中存在问题

从德育内容看,教育部2005年颁布的《关于整体规划大中小学德育体系的意见》

对大中小学的德育目标、内容及各阶段德育课程进行了规定,在总体目标一致的情况下,各阶段德育内容密切联系、德育目标层层递进,但在实际的教育教学中各阶段德育工作在衔接上存在问题,出现了部分内容重复的现象。从德育方法上看,德育方法的衔接缺乏有效性。由于升学压力的存在,中学教育更多的是注重对学生知识的传授,学生道德行为的养成反而成了大学德育的任务。从德育效果来看,德育内容与学生思想实际结合不紧密,在一定程度上影响德育衔接效果。学生思想实际是进行德育工作、提高德育效果的有力切入点。要做好德育衔接工作,要注重进入不同学段学生的思想实际,由解决学生思想问题入手,在帮助学生解决问题的过程中,对其进行思想政治教育工作,才有利于做好德育衔接工作。

(六) 学校教育与家庭、社会脱节,德育资源缺乏必要整合

学校德育工作是学校、家庭、社会教育中的一部分,不能只孤立存在于学校课堂教学中。此阶段的德育教育只是在学校中进行,而缺乏与家庭、社会的联系,更没有在学校、家庭和社会之间建立起沟通交流的长效机制,造成学校德育工作孤军奋战,得不到家庭和社会的支持和帮助,致使德育资源得不到充分的整合。因此,学校可以通过各种"家长座谈会""家长教育讲座",加强学校、家庭和社会的联系合作,组织学生积极地参加社会各种活动,充分利用资源,引导学生形成良好的品德行为。同时,建立和完善学校德育机构,拓宽德育渠道,让更多的学生和家长认识到德育的重要性。

三、完善体系,建设提升(2013 年至今)

为深入贯彻党的十八大和十八届三中、四中、五中全会精神,深入贯彻习近平总书记系列重要讲话精神,教育部按照《中共中央办公厅关于培育和践行社会主义核心价值观的意见》统一部署,加强中小学德育工作顶层设计,出台了一系列文件,开展了多项活动,对中小学德育工作进行了全面系统部署,这一阶段的德育工作主要有以下 3 方面特征。

(一) 确立"立德树人是教育的根本任务"

党的十八大把"育人为本、德育为先"进一步提升为"立德树人"。新世纪德育工作的指导思想从把德育作为素质教育之首,发展为"育人为本、德育为先",再发展为"立德树人"。将"立德树人"作为教育的根本任务,既是新时期科学发展观"以人为本"的体现,也是对党的全面发展教育方针的重大发展,更是对教育本真和德性的回归,符合人才成长的规律和德育的规律。

2014 年,教育部《关于全面深化课程改革落实立德树人根本任务的意见》强调了立德树人是发展中国特色社会主义教育事业的核心所在,是培养德智体美全面发展的社会主义建设者和接班人的本质要求。21 世纪以来,特别是《国家中长期教育改革和发展规划纲要》发布实施以来,教育系统认真贯彻落实中央有关精神,积极探索,勇于实践,推动课程改革取得显著成效。德育为先、能力为重、全面发展的教育理念得到普遍认同。

（二）践行社会主义核心价值观

2006 年 10 月,党的十六届六中全会通过的《中共中央关于构建社会主义和谐社会若干重大问题的决定》第一次明确提出了"建设社会主义核心价值体系"这一重大命题。该文件要求把社会主义核心价值体系融入国民教育和精神文明建设全过程,贯穿现代化建设各方面。

党的十八大以来,教育部认真贯彻习近平总书记系列重要讲话精神和中央有关决策部署,先后出台了《关于培育和践行社会主义核心价值观进一步加强中小学德育工作的意见》《关于在各级各类学校推动培育和践行社会主义核心价值观长效机制建设的意见》等一系列文件,对中小学德育工作进行了全面系统的部署。各地积极贯彻落实,印发中小学培育和践行社会主义核心价值观实施意见,明确了社会主义核心价值观教育的具体目标、主要内容和实践要求,形成教育部门和相关部门分工合作、密切配合,教育部门和中小学校一级抓一级、层层抓落实的德育工作格局。

（三）形成全程育人、全方位育人的德育工作格局

2016 年 12 月,习近平总书记在全国高校思想政治工作会议上要求"坚持把立德树人作为中心环节,把思想政治工作贯穿教育教学全过程,实现全程育人、全方位育人"。

所谓全程育人,是指德育要贯穿立德树人的全过程。这里所说的"全过程"包括两方面含义：就教育体系而言,全过程指大中小学德育一体化;就教育体系与外部的关系而言,全过程要构建学校教育、家庭教育和社会相结合的共育机制。全方位育人是指德育覆盖到立德树人的各个方面：首先是以德育课程为主体,进行各学科的德育渗透,发挥课堂教学主渠道作用;其次是充分发挥社会各个方面的德育功能,把德育落实到生活中的每时每刻、每一件事、每一个活动之中,努力形成一以贯之、久久为功的德育长效机制。

全程育人、全方位育人的思想,在不同时期都有体现,但 21 世纪以来这种思想更为明晰。2014 年,教育部印发《关于全面深化课程改革落实立德树人根本任务的意见》,指出坚持系统设计,整体规划育人各个环节的改革,整合利用各种资源,统筹协调各方力量,实现全科育人、全程育人、全员育人。2017 年又发布了《中小学德育工作指南》,明确了新形势下中小学德育工作的指导思想和基本原则,创新性地提出德育工作的六大实施途径,即课程育人、文化育人、活动育人、实践育人、管理育人、协同育人。每个方面都有多个具体实施途径。这些途径如同一张大网,覆盖了学生生活的方方面面,为进一步落实立德树人根本任务,提出了指导性、基础性依据。

《中小学德育工作指南》
——新时代学校德育工作的灯塔

为深入贯彻落实立德树人的根本任务,加强对中小学德育工作的指导,教育部于2017年8月发布《中小学德育工作指南》,明确了新形势下中小学德育工作的指导思想和基本原则,提出了学段衔接的德育目标与内容体系,细化了德育工作实施途径和要求,是今后相当长一段时间内中小学德育工作的基本遵循。

一、《中小学德育工作指南》起草的背景

(一)以立德树人抓实德育工作新要求

21世纪以来,特别是《国家中长期教育改革和发展规划纲要》发布实施以来,教育系统认真贯彻落实中央有关精神,积极探索,勇于实践,推动课程改革取得显著成效。德育为先、能力为重、全面发展的教育理念得到普遍认同。党的十八大以来,习近平总书记系列重要讲话和批示对加强党的领导,全面贯彻党的教育方针,坚持立德树人,加强理想信念教育、社会主义核心价值观教育和中华优秀传统文化教育等提出了一系列明确要求,对中小学培养什么人、如何培养人和为谁培养人指明了方向。

(二)适应德育工作改革新格局

近年来,在党中央的坚强领导下,在各级党委、政府及教育行政部门和学校的共同努力下,中小学德育工作取得显著成效,中小学生思想道德表现积极健康向上,同时也还存在一些突出问题。比如,重知识传授轻实践养成,德育工作各学段之间还没有形成有效衔接,德育工作的方法途径单一,德育工作的体系不够完善,德育工作还缺乏常态有效的开展机制等。因此,对中小学德育工作迫切需要加强顶层设计,着力解决存在的突出问题,形成全员育人、全程育人、全方位育人的德育工作格局。

(三)落实德育工作新境界

德育工作是一个系统工程,涉及教育工作的方方面面,还涉及家庭、社会外部环境。为进一步落实立德树人根本任务,不断增强中小学德育工作的时代性、吸引力、感染力、针对性和实效性,教育部印发了《中小学德育工作指南》,明确中小学德育工作"做什么"和"怎么做",将德育工作落细、落小、落实。出台《中小学德育工作指南》就是为中小学开展德育工作提供一个基本遵循,也为各级教育行政部门管理、督导、评价中小学德育工作提供重要依据。

二、《中小学德育工作指南》的主要内容与要点

（一）构建德育工作的"一个体系"

不断完善中小学德育工作长效机制，着力构建方向正确、内容完善、学段衔接、载体丰富、常态开展的德育工作体系，全面提高中小学德育工作水平，为中国特色社会主义事业培养合格建设者和可靠接班人。

（二）深化德育工作的"两个结合"

根据中小学德育工作的特点，坚持教育与生产劳动、社会实践相结合，学校教育与家庭教育、社会教育相结合，形成德育工作的合力。

（三）抓好德育工作的"三个关键点"

从中小学生的成长规律出发，中小学德育工作要以培养学生良好思想品德和健全人格为根本，以促进学生形成良好行为习惯为重点，以落实《中小学生守则》为抓手。

（四）坚持德育工作的"四个基本原则"

一是坚持正确方向。加强党对中小学校的领导，全面贯彻党的教育方针，坚持社会主义办学方向，牢牢把握中小学思想政治工作和德育工作的主导权，保障中小学校成为坚持党的领导的坚强阵地。

二是坚持遵循规律。要符合中小学生年龄特点、认知规律和教育规律，注重学段衔接和知行统一，强化道德实践、情感培育和行为习惯的养成，努力增强德育工作的吸引力、感染力和针对性、实效性。

三是坚持协同配合。发挥学校主导作用，引导家庭、社会增强育人责任意识，提高对学生道德发展、成长成人的重视程度和参与度，形成学校、家庭、社会协调一致的育人合力。

四是坚持常态开展。推进德育工作制度化常态化，创新途径和载体，将中小学德育工作要求贯穿学校各项日常工作当中，努力形成一以贯之、久久为功的德育工作长效机制。

（五）明确中小学德育工作的"五项主要内容"

《中小学德育工作指南》着眼为学生一生的成长打好思想基础，着眼为中国特色社会主义事业培养合格建设者和可靠接班人，明确了中小学德育工作的总体目标。同时根据中小学生年龄特点、认知能力和教育规律，按照小学低年级、小学中高年级、初中学段、高中学段四个阶段，提出了分层次的德育目标，既强调德育工作的针对性，又突出德育工作的有机衔接和逐级递进。围绕德育目标，《中小学德育工作指南》提出中小学德育的"五项主要内容"：理想信念教育、社会主义核心价值观教育、中华优秀传统文化教育、生态文明教育和心理健康教育。

（六）创新德育工作的"六大实施途径"

德育工作重在落实，要把德育目标内容通过多种途径落实到学校日常教育教学的各方面和各环节中，在总结提炼各地德育工作的主要经验和做法的基础上，突出了可

操作性。

一是课程育人。从严格落实德育课程、发挥其他课程德育功能、用好地方和学校课程等方面,强调发挥课堂教学在育人中的主渠道作用。

二是文化育人。从优化校园环境、营造文化氛围、建设网络文化等方面加强校园文化建设,让校园处处成为育人的场所,发挥校园文化育人的作用。

三是活动育人。利用节庆纪念日、仪式教育活动、校园节(会)、团队活动等,开展形式多样、主题鲜明的教育活动,以鲜明正确的价值导向引导学生。

四是实践育人。通过开展各类主题实践、劳动实践、研学旅行、志愿服务等,增强学生的社会责任感、创新精神和实践能力。

五是管理育人。推进学校治理现代化,从完善管理制度、明确岗位责任、加强师德师风建设、细化学生行为规范、关爱特殊群体等方面,将中小学德育工作贯穿落实到学校管理的细节之中。

六是协同育人。加强对家庭教育的指导,构建社会共育机制,争取家庭、社会共同参与和支持学校的德育工作。

三、《中小学德育工作指南》为德育有效实施明确五大保障

《中小学德育工作指南》对各级教育行政部门和学校保障中小学德育工作有效实施提出五项明确要求:一是要加强组织领导。建立党组织主导、校长负责、群团组织参与、家庭社会联动的德育工作机制。二是加强条件保障。将德育工作经费纳入学校的经费年度预算,提供德育工作必需的场所、设施、图书、仪器设备等。三是加强队伍建设。重视德育队伍人员的选拔、培养,优化德育队伍结构,建立激励和保障机制。四是加强督导评价。将学校德育工作开展情况纳入学校督导的重要内容,建立区域、学校德育工作评价体系。五是加强科学研究。探索新时期德育工作的特点和规律,创新德育工作的途径和方法,不断增强德育工作的科学性、系统性和实效性。

《中小学德育工作指南》是基础教育领域贯彻落实立德树人根本任务的重要文件,也是今后一个时期各地开展中小学德育工作的基本遵循,对提高中小学德育工作水平将发挥重要作用。

"六育人途径"为学校德育工作实践创新指明方向

一、问题导向，路在何方？

当代社会处于急速变革期，经济全球化、信息网络化深入发展，经济成分多样，利益关系复杂，文化交流频繁，价值取向多元。伴随信息技术、大数据、人工智能时代的到来，社会生产、生活和交往方式都发生着快速深刻的变化，不确定性、不稳定性成为我们这个时代的特征。社会大环境的变化对家庭、学校、家长、老师的冲击和影响日益增强。如何立德树人，筑牢中小学生的思想品德"防火墙"，坚定理想信念，辨析真假，区分善恶，取舍美丑，成为摆在每个教育工作者面前的重大命题。

德育工作花费时间并不少，但成效不太理想，原因复杂，其中德育方法过于简单应是原因之一。在中小学德育工作中，德育往往被理解为单纯的"传道"、说教甚至灌输，道德脱离了鲜活的生活，成为抽象的教条。学生一旦脱离学校，离开了监管，就可能轻视甚至无视所受的德育规训。

深层次原因是德育背离了育人规律，忽视了德育主体。在德育过程中，教育的愿望和作用必须通过学生的理性选择才能实现。学生的德性成长一定要经历知、情、意、行，一定是知行统一的过程，其实就是内化之后外显的过程。教师如果把学生只当作容器，以为其只有被动接收，那么学生往往"知"道，而不一定"行"道，体会不到精神获得的愉悦。在开展中小学德育工作时，组织者把自己当作教练，却不知在育人上，自己的行为就是榜样，就是活教材，非但不重视自己的言行修养，居然还经常地理直气壮地使用恐吓、指责等方法，剥夺了学生的主体参与。带着这种观念开展德育，结果便是"育"而不"德"，很难达到真正的效果。

二、遵循《中小学德育工作指南》，路在落实

德育工作是一个系统工程，涉及学校工作的方方面面，涉及家庭、社会的边边角角。为进一步落实立德树人根本任务，教育部印发了《中小学德育工作指南》，明确了中小学德育工作"做什么"和"怎么做"，将德育工作落细、落小、落实，为基层学校实施德育工作提供了专业、规范、可操作的指导和基本遵循。

首先，《中小学德育工作指南》指明了德育途径，切实改变了单一的灌输说教。指南明确了新形势下中小学德育工作的指导思想和基本原则，创新性地提出德育工作的

六大实施途径,即课程育人、文化育人、活动育人、实践育人、管理育人、协同育人,每个方面都有多个具体实施方法。

其次,《中小学德育工作指南》指明德育主体,明确了学生的主体地位。苏联教育学家苏霍姆林斯基指出,只有"促进自我教育的教育才是真正的教育"。德育教育一定要以学生为主体,以学生为中心,教师要认清并尊重学生的主体地位,注重培养学生的自主性,让学生的自我教育成为德育的主导,教师在其中主要起引导、推动和促进作用。因此,教师要发展学生的自主意识,激发他们开展自我教育,力求做到教育与自我教育相结合,培养学生的道德判断和明辨是非的能力,培养学生的理性思维,让学生真正成为德育的主人。

三、指导德育操作,将德育落小落细落实

笔者曾经工作过的福山系多所学校①在落实德育工作方面,有如下三方面的具体举措:

一是从大处着眼,小处着手。笔者所在的福山证大外国语小学将社会主义核心价值观与福山形象少年的教育紧密结合,以社会主义核心价值观涵养儿童的精神,坚持"四气、八字"的学生形象教育。在实践活动中,做到四个结合,即与行为规范训练相结合、与家庭教育相结合、与学科教育相结合、与学生评价相结合,使我们的教育活动支持更广泛,实践更生动,教育更富内涵。

二是从系统把握,从细节入手。借助区级"德育评估指数"的要求,笔者冷静而客观地审视学校的德育工作,制定顶层而系统的设计,既讲原则性,又讲灵活性。将"规定"动作做规范,在"自选"动作上做出彩,以德育评估托住学校德育工作规范底线。这种细致的考虑是为了突显育人过程的教育性,真正发挥"指数"的杠杆和催化剂作用,让学校德育工作在学生的自我完善中,高质量走向内涵发展。

三是从实际出发,从实效取向。"劳动乐园"是劳动教育校本化课程的创新实践,通过校本化的劳动教育课程学习、校内劳动、校外劳动和家务劳动四个维度的积极实践,从生活实际入手,关注学生的学习兴趣和经验,开展生活化的课堂教学,布置生活化的德育作业,组织丰富的生活化德育活动,取得联通家校、融通情感的实效。

---

① 福山系多所学校指福山外国语小学、福山花园外国语小学、福山证大外国语小学,后文中的福山集团学校特指这三所学校。

02

第 二 篇
课 程 育 人

    课程是为实现各级各类教育目标而设计的学科及其目的、内容、范围与进程的总和,它包括学校老师所教授的各门学科和有目的、有计划的教育活动。在新形势下做好课程育人工作,学校该如何整合各类德育资源,融会贯通到各项教育活动中呢?

    《中小学德育工作指南》对课程育人所做的阐述,从严格落实德育课程、发挥其他课程德育功能、用好地方和学校课程等方面,强调发挥课堂教学在育人中的主渠道作用。

    笔者在劳动和人格养成教育上做了有益的探索。"劳动乐园"是劳动教育校本化课程的创新实践。本篇中的《"劳动乐园"——小学劳动教育校本课程体系建设》着力对小学阶段校本化的劳动课程进行顶层设计,从劳动教育课程目标、实施原则和内容等方面进行研究和阐述,并通过校本化的劳动教育课程学习、校内劳动、校外劳动和家务劳动四个维度积极实践。在研究探索中我们发现德育教学应该加强与生活的联系,从生活实际入手,关注学生的学习兴趣和经验,开展生活化的课堂教学,布置生活化的德育作业,组织丰富的德育生活化德育活动。

    "人格养成"是落实立德树人所做的升维探索。本篇中的《中小学"人格养成"德育活动课程一体化建设》一文根据不同阶段学生人格特点,聚焦"健康身心、守法诚信、自由平等、自强合作"四个重要教育内容,横向融通思想,融合学科活动,打通家、校、社的活动通道,形成符合不同学生发展需求的一体化德育活动内容。同时,基于德育活动目标和内容,进一步研究"人格养成"的德育活动评价,使德育活动课程结构完整,内容充实,评价贴切,从而增强德育活动的针对性和实效性。

走向生活化的小学德育课程建设思考

　　小学德育教育是基础,对引导学生终生健康积极的发展有非常重要的意义。小学阶段的学生正处于身心发展的关键时期,在这个阶段学校除了重视他们的学习成绩外,还要帮助他们树立正确的价值观念,更有效地促进他们今后的综合发展。在新课程改革的背景下,小学德育教学应该加强与生活的联系,从生活实际入手关注学生的学习兴趣和经验,更好地促进小学德育教学效率的提升。

一、小学德育生活化教学的意义

(一)有利于增强德育教学的实效性

　　在素质教育的背景下,德育教育受到了更多的重视,教师在教学中要积极总结和探索,创新教学模式,更有效地实现小学德育生活化教学。在传统的小学德育教学中,教师将教学局限于课堂内,围绕课本开展教学,学生理解到的更多的是理论上的东西,这与他们的身心发展特点不相符合。生活化德育教学引导学生从实际生活感悟和认识,更符合他们的学习特点,能够提升学生学习的积极性。生活化的小学德育教学有利于增强德育教学的实效性,为学生之后的发展打下坚实的基础。

(二)有利于培养学生的人文精神

　　小学德育教育开展的主要目的是帮助学生塑造良好的品格,陶冶他们高尚的情操,教师在教学中要从学生的发展特点出发,有效培养学生的综合素质。德育与生活的联系非常紧密,在小学德育教学中开展生活化教学可以激发学生的情感,将学生带领到特定的生活环境和社会环境中,让学生在具体的情景中感受和体会人文精神。

二、小学德育生活教学策略

(一)开展生活化的课堂教学

　　要想在小学德育教学中开展生活化教学,教师首先得将课堂教学知识与生活紧密地联系在一起,更有效地帮助学生理解德育知识点。比如在小学德育"诚信"这一内容的教学中,教师就可以创设生活化的情境:小明去商店买笔记本,商店老板在找钱的时候多给了小明 10 元钱,小明犹豫要不要把钱还给老板,如果你是小明,你会怎么做?这一情境是学生们在生活中可能会遇到的,通过这一生活情境将德育教学内容很好地融入进去,使学生在特定的情境中感受诚信的重要性。利用生活情境开展德育教育,当学生在生活中遇到类似情境的时候就会选择正确的做法,有效培养了学生的素质。

（二）布置生活化的德育作业

课堂教学时间是有限的,因此很多教师都通过布置课后作业来延伸课堂教学。要想确保德育生活化教学的有效性,教师要为学生布置生活化的德育作业,在增加作业趣味性的同时也促进学生的发展。比如在小学德育"爱心献给父母"这一内容的教学中,教师就可以布置生活化的作业:让学生回家之后帮父母做一些家务,并且将整个做家务的过程以及父母对自己的评价记录下来,写成一篇感想。现在很多小学生都是家里的独生子女,在做家务方面比较欠缺,通过这一生活化课后作业让学生感受做家务的辛苦,理解父母的辛苦,学会孝敬父母和尊重父母。

（三）组织丰富的德育生活化德育活动

小学阶段的学生身心发展还未成熟,枯燥的德育课堂教学无法激发起他们的学习兴趣,教师要组织丰富的德育生活化活动来引导学生更好地参与到德育课堂学习中。比如教师可以定期开展一些主题讨论活动,结合社会中一些热门的话题,激发学生学习的积极性和兴趣。如"老人摔倒了到底扶不扶",这是社会中比较常见的话题,利用这一生活化的话题开展讨论活动更能激发学生参与学习的积极性。教师可以将学生们分成两个小组,在课堂中进行辩论和总结,使德育课堂氛围更加活跃。另外教师也可以组织学生演绎情景小品,学生分别扮演摔倒的老人和过路人,让学生真实地融入情景中,更深刻地感受当事人的内心活动。最后教师要做总结性发言,并邀请几位同学说出自己的感想,丰富学生的思维。

小学阶段的教育是最为重要的,教师作为小学教育重要的引导者和组织者,在实际的教学中应该认真学习和实践,结合学生的实际情况开展教学,这是现代教育理念所提出的必然要求。德育是小学阶段的重要教学部分,开展德育生活化教学对学生之后的发展有积极的促进作用,因此教师要灵活应用教学方式,让德育教育更贴近学生的生活,激发学生的情感。

"劳动乐园"

——小学劳动教育校本课程体系建设

习近平总书记提出"培养德智体美劳全面发展的社会主义建设者和接班人"。其中把"劳"列入学生全面发展的素养要求,丰富了新时代党的教育方针。劳动教育是实施素质教育的重要内容,是培育和践行社会主义核心价值观的有效途径。小学阶段是人发展的关键阶段,是习得能力最强的时期,也是最易养成习惯、纠正习惯的关键期。

为深入贯彻《中共中央国务院关于全面加强新时代大中小学劳动教育的意见》,落实《大中小学劳动教育指导纲要(试行)》,福山证大外国语小学结合培养"新时代小小幸福劳动者"的劳动教育目标,在课程顶层架构中注重"五育并举",通过对劳动教育文献研究,结合小学阶段"劳动教育"的特点,开发设计了融合"课程学习""校内实践""家庭实践"和"校外实践"四个板块的小学劳动教育特色课程——"劳动乐园"。"乐园"是小学生喜欢的场所,"劳动乐园"旨在开展符合小学阶段学生年龄特点的劳动教育,让学生在丰富多样趣味化的劳动实践活动中习得劳动知识、学会劳动技能、养成劳动习惯、培育劳动情感、提升劳动素养、获得劳动乐趣,是学校办学理念中崇尚学生对自然的亲近和探索的表现。

一、抓住"劳动乐园"课程建设的牛鼻子——制定课程目标

课程化实施是确保劳动教育常态而有效开展的有效途径。劳动教育课程化实施的第一步是要抓住劳动教育课程建设的牛鼻子——制定课程目标。围绕习近平总书记在教育大会上关于劳动教育的讲话精神,我们把劳动教育的课程目标确定为,一个精神,即劳动精神;两个态度,即崇尚劳动、尊重劳动的态度;三个行为,即辛勤劳动、诚实劳动、创造性劳动的行为;四个观念,即劳动最光荣、劳动最崇高、劳动最伟大、劳动最美丽的观念。通过劳动教育课程"劳动乐园"的实施,丰富小学生劳动体验,培养学生正确的劳动观点、劳动态度和习惯。通过生活实践和"劳动与技术"等课程提高小学生的劳动技能。通过校内外劳动实践,磨炼意志,陶冶情操,增强学生积极进取、探索创新意识,在劳动过程中促进小学生和他人协作的能力,培养他们勤奋学习、自觉劳动、勇于创造的精神,为学生终身发展和人生幸福奠定基础。

二、把握"劳动乐园"课程实施的关键——注重实施原则

(一)注重实践性

实践性是小学阶段劳动教育的特点。"劳动乐园"课程遵循学生成长规律,设计符合小学生年龄特点的多样化的劳动实践活动,提供丰富的实践体验,让学生在亲历劳动过程中树德、增智、强体、育美。

(二)注重协同性

家庭劳动教育是学生接受的最早的并持续一生的劳动教育。社会是学生将劳动理论付诸实践的重要场所。学校是劳动教育发挥育人功能的重要阵地。在劳动教育过程中,学校做好系统谋划,协调家、校、社等多方面力量,形成教育合力,保证小学劳动教育的有效性与持久性。

(三)注重创新性

创新是劳动实践中必不可少的要素。除基础性劳动之外,学校的劳动实践也给学生提供了大量创新性劳动实践的机会。小学生的年龄特点决定了他们对事物好奇心强,喜欢接触新鲜事物。因此,更新劳动教育观念,创新劳动教育的内容、方式和评价,当下学校劳动教育大有可为。

三、做优"劳动乐园"校本课程的落地——多元实施途径

劳动教育具有长期性、多维性、融通性的特质。劳动教育是一项系统工程,需要家庭、学校、政府、社会等多方协作,才能形成育人合力。学校是对学生进行劳动教育的主要场所,家庭是学生劳动教育的基础,社会是学生劳动教育的重要支持力量。带着对劳动教育这样的思考,福山证大外国语小学进行顶层设计,系统架构"劳动乐园"校本课程,学校组织骨干教师对劳动教育模块进行研究,确定通过课堂学习、校内实践、校外实践和家务劳动四个途径,有效推进校本化的劳动教育课程(见图2-1)。

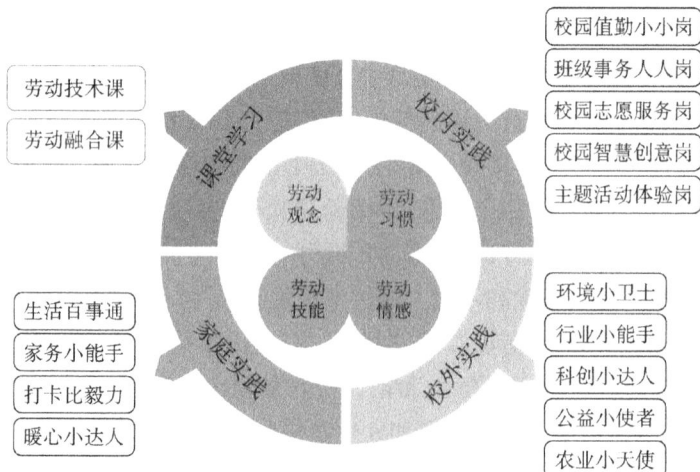

图 2-1 学校劳动教育实施框架

（一）课堂学习——培养劳动技能

1. 劳动技术课

劳动技术课是落实学生劳动教育的重要途径。学校按照教学大纲要求严格落实劳动技术课时安排的同时，组织授课教师进行教育研讨，对四、五年级的劳动教育内在的理性线条进行梳理，增强对学段的整体认识，明确教学的细致要求（见表 2 - 1）。学生在劳动技术课上，掌握必备的劳动知识和技能，通过劳技课的实践，增强探究和创新意识，发展综合运用知识的能力。

表 2 - 1 四、五年级劳动技术课要求

年级	内容	技 能 目 标
四年级	材料与工具	初步掌握卡纸的弯折、连接和用简单工具裁切的基本劳动技能；了解简单劳技工具的用途和操作方法；在使用工具加工纸张时能注意安全，增强劳动保护意识
	看图与表达	初步了解纸盒拆开、摊平后的形状即位展开图；初步认识简单纸质作品展开图中的各种符号的含义；通过对纸盒展开图的探究，了解制作图的作用
	设想与选择	通过分析纸盒的结构，认识拆开、摊平的长方体纸盒与相应的表面展开图之间的关系；知道不同的纸盒制作示意图可以制作出相同形状的纸盒，了解制作纸盒的多种方法；初步掌握根据实际需要和现有条件对不同的设想进行选择
	车辆模型	能根据不同车辆的实际用途，合理改制卡纸车模；通过救护车模型的设计和制作，能根据车辆的用途设计出合理的车门，并利用生活中材料进一步改进车厢与底盘的连接方式
	纸盒笔筒	能够运用简单工具和方法改变纸盒的形状；通过合理利用废旧纸盒进行设计制作，增强节约自然资源的意识
	定量茶叶盒	学会看制作分解图，制作定量茶叶盒；通过实验比较，了解定量茶叶盒的结构，并进行调控和改进
	简易立体镜	能在制作中，了解折叠立体镜各部件的功能；学会设计、制作简化的立体镜，增强动手动脑的实践能力
	简易连杆装置	了解简单连杆的结构与作用；探究连杆与鸽翼的连接位置，了解连杆的作用；设想多种办法使鸽子翅膀扑动，了解连杆形式
	双锥体模型	了解双锥体的制作方法；了解各种粘接材料的特点与用途；通过探讨锥体的表面展开图，了解平面卡纸粘接成锥体的过程
	小区设计（综合）	能运用工具制作卡纸房屋模型；能利用其他易得的材料制作小区模型的辅助设施；能根据需要运用绘画、粘贴、切割等方法制作大楼的门窗、阳台等；经过分工合作，完成简易建筑模型的制作、设计和组装的全过程；通过相互帮助，发挥每位学生的特长，培养乐于动手、勤于实践的兴趣和习惯

（续表）

年级	内容	技 能 目 标
五年级	材料与工具	初步掌握小手工锯的锯割、砂纸的打磨和木材的简单连接的技能；初步学会根据实际需要，选择合适的材料和工具，并安全、正确地使用工具；体验合适的工具和正确操作在加工中的重要性
	看图与表达	初步掌握识读简易组装示意图的技能；通过对插接玩具的组装，进一步体验组装示意图与实际操作的关系；通过对一支圆珠笔的拆装，绘制简单的组装示意图
	设想与选择	了解各种相架支撑部分的结构，并根据照片形式、照片放置方式，选择合适的支撑方法；能合理选择工具、材料，并能安全、有效地制作相架
	折尺	掌握木片的基本切割和打磨方法；掌握木片的基本连接方法；了解折叠结构中折叠与展开后的长度关系
	杯垫	了解薄木片的几种连接方法，掌握粘接木片的基本方法；根据杯垫的外形和功能，设计制作各式杯垫；学会利用废旧材料，设计、制作各种杯垫
	拱桥	初步学会根据实际提供的材料，选择合适的加工工具和加工方法；练习木料的锯割、打磨的技能；用锯割后的木块搭成拱桥模型，并进行承受重物的试验
	笔架	巩固小手工锯的使用方法、薄木板的锯割技能与打磨技能；设计、制作不同造型的木质笔架
	碟片架	了解碟片架的结构原理——分隔，根据需求设计并画出碟片架的草图；初步掌握锤子的使用方法与用钉子连接的技能；通过制作碟片架，初步了解碟片架的基本加工工序
	迷宫	初步学会设计简单的迷宫，并用简单的图示表达想法；初步学会根据迷宫设计图，选择合适的材料和工具，制作简单的迷宫玩具
	我们的新操场（综合）	学会根据设想和限制条件，选择合适的材料和工具；初步掌握安排加工制作的工序；初步掌握利用各种简单的材料和方法进行操场模型的制作

"劳动技术"专题课每周一节，每课以一完整的作品为载体，让学生全过程、全视角地展开讨论学习，有分工地操作实践。在制作作品载体前，让学生进行问题调查，采集信息，讨论交流，产生想法，听取意见，再进行分工合作，制作完成设想的作品，这样学生可以更好地进行学习和操作实践。在制作过程中，引导学生反思，对自己的设想、选择、制作等换一种角度进行思考，及时发现问题，积极改进。开展"劳技作品展示会"活动，在欣赏、比较和交流评议中，让学生相互学习简单物品的制作技巧，发现劳动技术的价值和意义，体验劳动带来的快乐。

2. 劳动融合课程

发挥课堂教学的主渠道作用，将中小学德育内容细化落实到各学科课程的教学目标之中，融入渗透到教育教学全过程。一方面，我们通过梳理"道德与法治"课程中劳动教育的内容，进行劳动融合课课程的设计，补充一至三年级没有劳技课的不足（见表

2－2）。

表 2－2　道德与法治课程中的劳动教育内容

年级	内容	技能目标
一年级	让我自己来整理	认识自己生活中的各种物品是自己的"好伙伴",知道它们各自的类别;学会自己的东西要自己整理,不会做的要学着做
	干点家务活	懂得做家务是爱劳动、爱父母长辈、对家庭负责任的表现;初步养成主动分担家务的好习惯;学会用自己的方式表达对家人的爱
二年级	我是班级值日生	知道当值日生是爱劳动、爱集体的表现;培养正确的人生观,价值观;知道在集体中生活就要遵守集体的规则,要为班级做贡献,有集体意识
四年级	少让父母操心	了解父母的辛苦,体谅他们的不易,激发感激父母、孝顺长辈的情感;学习料理自己的生活,养成良好的生活习惯;关心家庭生活,主动为父母分担家务
	这些事我来做	了解做家务的意义,能主动承担家务劳动;掌握一些做日常家务劳动的技能,学会自己的事情自己做

　　另一方面,我们将劳动教育与学科教学整合,充分挖掘各学科中蕴含的劳动教育资源,立足课堂教学弘扬劳动精神(见表 2－3)。各学科教师根据书本单元知识内容,挖掘学科中动手操作实践活动,开展动手动脑的劳动学习。通过学科知识的拓展和延伸,联系生活和学生自身实际,引导学生崇尚劳动、尊重劳动。

表 2－3　各学科中的劳动教育内容融合

学科	学科知识	劳动精神、态度、情感和能力
语文	(1) 利用语文教材进行劳动教育的渗透 ① 结合有关劳动以及劳动者方面的教学内容 ② 诵读歌颂劳动最光荣的文章(段落) ③ 拓展阅读介绍有关劳动技艺的文章 (2) 写作课中渗透劳动教育 ① 赞颂劳动人民崇高品质的写人文章 ② 介绍技艺性劳动过程的记事文章 (3) 在学生活动中结合劳动教育 ① "传统节日知多少"学生活动,了解二十四节气,了解劳动者们的辛勤劳作 ② 假日小队"奔跑吧小记者们"活动,开展"身边最美劳动者"的采访活动	(1) 理解劳动的真正意义,纠正学生被动劳动、事事依赖长辈、不尊重他人劳动成果的错误思想 (2) 从"劳动场景""劳动成果""劳动心情"三方面体验劳动之美,追求劳动的幸福感 (3) 提升热爱劳动的情感,树立崇敬劳动者的意识,主动要求学习各种劳动技能,并乐于为大家服务,成为一个爱劳动、尊重他人劳动的"福娃"
数学	时间的学习、图形制作、统筹问题等	初步体会优化思想在实际生活中的应用,形成寻找解决问题最优方案的意识,在劳动中体会学习数学的乐趣,感受数学之美
自然	养蚕、豆芽培育、植物种植、实验工具使用整理等	

（续表）

学科	学科知识	劳动精神、态度、情感和能力
美术	(1) 画家笔下的劳动之美 (2) 手工编织 (3) 变废为宝制作	(1) 欣赏国内外众多艺术家以绘画的形式热情颂扬的劳动价值和劳动者的精神，尝试像大师一样画一画最美的劳动者，以此向广大劳动者致以崇高的敬意 (2) 通过劳动，创意改造旧物，使其成为实用的或有艺术价值的物品，从而体现它们别致之处，开发其与原物截然不同的价值
体育	持轻物掷远，脚搁高处的直体支撑，爬越障碍物，迎面助跑屈腿跳高	体育课上通过劳动活动和游戏，让学生对劳动有感性、直观、积极的认识，塑造劳动的体能，培养劳动的兴趣，使学生全面健康发展，提高教育效能
音乐	学唱《劳动最光荣》和收获类的歌曲、学跳民间劳作舞蹈	感受劳动收获的快乐，体验劳动最美丽的朴实感情，培养学生勤劳勇敢、热爱生活的态度

（二）校内劳动实践——丰富劳动体验

校内劳动是小学生阶段劳动教育的重要阵地。学校通过提供多样性劳动情境、多元化劳动内容、多层次劳动对象，拓展学生在校参与劳动的时间和空间，拓展了学生在校劳动实践容量。

一是按不同类型重新梳理劳动岗位，设置"学校执勤岗""班级服务岗""校园志愿岗"，从基于个人、到关爱班级集体和校园等不同层面满足各类学生个性化的劳动实践需求，帮助学生获得真实的校内劳动体验。例如，学生在学校执勤岗位中，担任不同的工作，如课间巡视员负责课间在走廊进行巡视、劝导工作；礼仪示范员进行全校性礼仪巡视；秩序引导员负责维持男、女洗手池排队秩序。值周班级还负责校园卫生的维护，开展树叶捡拾与垃圾分类检查工作，对于校园中的蔬菜园和走廊布置花卉进行包干养护。又如根据每月行规要点，大队部每月通过学生自主申报、评审、培训、授证上岗等各环节，向全校招募"行规守护志愿者"，"行规守护志愿者"担任校园礼仪行规观察员、校园微笑大使等工作，定期向全校师生汇报本周行规观察情况，撰写改进意见。

二是通过创新性劳动岗位的设立帮助学生在基础性劳动的过程中，调动多元智能，开展综合性劳动实践，从而更好地获得面向未来的劳动技能。如我校依托自然笔记探究项目为学生提供了"养蚕""植物养护""茶艺""非遗传承""手工制作""植物角养护"等劳动实践，学生通过劳动观察、思考、行动、记录、改进，创新劳动，感受收获的幸福。又如，开展垃圾分类宣传设计、智能垃圾分类设备设计、各类生活辅助设施设计等活动，帮助学生更加关注校园生活和社会生活，让劳动教育创新实践找到新阵地。

　　三是在主题活动中开展各种劳动教育实践,培养学生劳动合作意识和能力。例如,在仪式教育活动中,在学生入团和入队仪式中开展学生生活自理能力比拼,将穿校服、整理书包、系鞋带等基本生活技能作为达标要求,帮助学生养成劳动习惯,提高自理能力。在传统节日开展劳动教育实践,如元宵节包汤圆、做灯笼;端午节包粽子、做香囊、划龙舟;春节做窗花、写春联、重阳节敬老孝亲;清明节洒扫祭奠等。回归传统习俗、品味传统文化、劳动过节成为学校劳动教育新传统。

(三)校外劳动实践——强化劳动实践

　　校外是学生获得劳动体验的重要场所,由于小学生缺乏劳动经验,很难独自一人完成一些校外的实践活动。学校通过"环境小卫士、行业小能手、科创小达人、公益小使者、农业小天使"的"五小"活动,组织学生进行校外实践体验,利用节假日,创造更多机会,让孩子接触社会,参加社会劳动,提高学生对外界环境的适应能力(见表2-4)。

表2-4　"花园劳动乐园"校外实践"五小"行动

劳动项目名称	具 体 内 容	
环境小卫士	校外固定场馆卫生打扫	
	校外公共设施卫生打扫	
	垃圾分类的宣传与操作	
行业小能手	校外公共部门	展览馆:解说员
		图书馆:书籍整理归档
		景区公园:售票、宣传
		银行:宣传引导
		公交公司:发放公交卡
		邮政局:整理邮包和信件
	校外专业部门	医院:引导叫号
		消防队:学习叠被子
		法院:整理文件资料
科创小达人	科技和金融创新	金融公司:学习开发新系统
		科技公司:学习开发新项目
		制造企业:学习开发新设备
公益小使者	校外公益帮扶	养老院:陪伴老年人、为老年人服务
		特殊学校:给特殊学校学生送温暖和关爱
		访问对接偏远贫困地区学校,和当地学生联系互动,送去温暖,并体验劳动生活

（续表）

劳动项目名称	具 体 内 容	
	校外公益宣传策划	社区爱心义卖
		环保垃圾分类宣传活动
		社区食品安全宣传活动
		社区传统节日制作活动（食品、风俗）
		民间艺术进社区活动
农业小天使	校外种植学习与实践	庄稼的播种及灌溉
		庄稼收种及分类
		果树的识别及维护
	校外养殖学习与实践	水产的饲料投放
		圈养的饲料喂食

为落实校外劳动实践,学校确定专人负责校外基地拓展和活动联络,同时协调班主任做好学生的劳动教育统筹安排,并协助学校劳动技术老师进行校外劳动材料和工具的准备。学生校外劳动实践过程中加强教师对学生劳动过程的关注,提高学生劳动安全意识。

（四）家务劳动实践——增强劳动观念

家庭在劳动教育中发挥了基础性作用,在家务劳动实践中,我们通过"生活百事通""家务劳动小能手""每日打卡比毅力""家庭暖心小达人"四个板块,注重抓住衣食住行等日常生活中的劳动机会,让孩子自觉参与家务劳动。通过家务劳动打卡,鼓励家长树立热爱劳动的良好家风,在日常生活言传身教帮助孩子养成爱劳动的习惯（见表2-5）。

表2-5 "花园劳动乐园"家务劳动

年级	劳 动 内 容
一年级	参与垃圾分类,纸张整平后回收 懂得人离断电、节约用电,会开关灯、电扇 能节约用水,取水适量不溢出,会关紧水龙头 会整理抽屉,大书小书分类放,水杯、学具放下格 餐前,会洗手,安静吃饭;餐后,会将餐盘倒干净,餐盘摆放整齐,会清理自己的餐桌,叠好餐垫 会正确握拿扫把扫地,会用吸水海绵拖把 会整理家中小阳台,挂好伞和抹布,放整齐扫把和畚斗 会在垃圾桶上装垃圾袋,打包垃圾,和家长一起到指定地点倒垃圾 明白自己的事情自己做,会主动穿脱整理衣物 每天进行体育锻炼,如跳绳、跑步等

（续表）

年级	劳 动 内 容
二年级	参与垃圾分类,会整理可回收物品 节约用电,做到人离断电,会开关电脑等 节约用水,洗拖把、抹布时有意识控制用水量 整理抽屉,分类摆放书本、学具 餐前主动分发餐具,并主动夸奖为你做饭的家人 会正确使用家中多种劳动工具,用完后摆放整齐 会整理家中小阳台,及时清理地上垃圾 会在垃圾桶上装垃圾袋,会打包垃圾,提醒家长到指定地点倒垃圾 会自己准备第二天穿的服装和学习用品 每天进行体育锻炼,如跑步、跳绳等
三年级	垃圾分类投放,会将可回收物品搬到指定回收站点 节约用纸、用笔,会细心削铅笔 节约用水,洗拖把、抹布用水合理,非常干净 抽屉及时整理,分类摆放,整洁有序 餐前洗手;餐时,安静吃饭,餐盘摆放整齐;餐后,会清理餐桌 会用水桶、抹布、清洁球清除瓷砖或地面污渍 会主动打扫房间,双手配合用扫把和畚斗将垃圾清扫干净 愿意主动承担家务,如清洗衣物、炒菜等 会做劳动记录,比如个人劳动电子档案袋 坚持体育锻炼,周末可以举行家庭小小运动会
四年级	垃圾分类投放,注重节俭,促进垃圾减量 爱惜纸张、笔墨,不随意丢弃可用文具 节约用水、洗涤用品,按需取用,降低污染 保持抽屉、书包整洁有序,无杂物 餐前,为家人主动发放餐具;餐后,主动洗碗 养护家中绿植,有序摆放室内物品 积极承担家中卫生工作,会干脏活、累活 每周配合家庭进行家务劳动,工作细致高效,保持窗明几净 合理安排学习和休闲时间,做好家庭的小主人 坚持锻炼身体,向家庭宣传低碳环保生活
五年级	分类投放垃圾,会编垃圾分类宣传小报 爱惜劳动工具,可修、可用工具不丢弃 节约水电,会二次用水或废物利用 保持抽屉、书包干净、清洁,分类存放资料讲义 自觉参加家务劳动,家庭文化浓厚、有特色 坚持垃圾袋装化,及时清理、常清洗畚斗、垃圾桶,不留污渍 细致打扫家庭卫生,地面干净,无灰尘、无污渍 会用锤子钉钉子、拔钉子,会用螺丝刀起螺丝 知晓常用工具构造,会修理日常劳动工具 愿意积极参与社会实践活动,热心志愿服务

　　"生活百事通"板块按照学生年龄与成长规律,每个年级分梯度设置十项家务劳动,难度从低到高,逐次增加,帮助学生掌握家务劳动基本技能。"家务劳动小能手"版块以家庭为单位,设置不同的家务劳动达成形式。比如《一分钟劳动习惯》视频用来展

现孩子在家务劳动过程中的变化,视频拍摄能帮助孩子掌握必备的劳动技能,同时更能激发学生自信心。"每日打卡比毅力"让学生自主完成"劳动每日打卡"评价表,父母给予辅助评价,培养学生劳动的毅力。同时,我们还引导学生在特殊的节日里通过家务劳动方式送给家人礼物,体验家庭中的亲情和美好的家庭生活。

四、创新"劳动乐园"课程评价——打卡争章

在劳动教育课程中充分发挥劳动教育评价的作用,对学生进行评价是为了促进学生的发展,让学生的劳动态度和操作技术得到及时准确的反馈,从而激发学生劳动的积极性,养成良好的技术素养,形成认识自我、热爱生活、关心他人的思想情感,继而实现主动学习、探索创新的基本目标。

将劳动争章的评价新方式与新媒体元素相结合,为少先队工作评价体系注入活力。运用网络终端应用平台,探索新型、高效的少先队劳动教育评价形式,把握新媒体传播规律,通过线上线下评价相结合,提高家长和学生评价参与度,扩大对少先队工作以及劳动教育的宣传。

(一)劳动争章评价具体内容

表 2 - 6　劳动争章的评价内容

评价类型	劳动争章称号	争 章 形 式
劳动课	劳技小达人	低年级:掌握简单、初步的劳动技能 高年级:掌握较复杂的劳动技能
校内劳动	岗位小能手	低年级:认清自己的小岗位,明白岗位职责 高年级:履行岗位职责,积极主动为他人服务
校外劳动	热心小公民	低年级:参与亲子社区公益活动 高年级:组织参与"雏鹰假日小队"社区公益活动
家庭劳动	全能小当家	低年级:在父母帮助下认识并学习简单家务劳动技能 高年级:掌握较复杂的家务劳动技能

(二)劳动争章评价实施方法

表 2 - 7　"劳动小达人"争章的评价方法

类别	劳动专题课	劳动争章名称	 劳技小达人
目标	通过劳技课和融合课课程学习并初步掌握简单的劳动技能		
达标要求	低年级:掌握简单、初步的劳动技能 高年级:掌握较复杂的劳动技能		

（续表）

争章步骤	学会一些劳动方法和技能 建立劳动小队 中队辅导员及小队成员进行访问、评估 辅导员老师根据考察情况进行打分

表 2-8　"岗位小能手"争章的评价方法

类别	校内劳动	劳动争章名称	岗位小能手
目标	通过校内劳动履行岗位职责，积极主动为他人服务，培养定岗定责的责任感			
达标要求	低年级：认清自己的小岗位，明白岗位职责 高年级：履行岗位职责，积极主动为他人服务			
争章步骤	认领校内劳动小岗位 履行岗位职责 大、中队辅导员及小队成员进行访问、评估 辅导员老师根据考察情况进行打分			

表 2-9　"热心小公民"争章的评价方法

类别	校外劳动	劳动争章名称	热心小公民
目标	通过校外公益劳动了解为人服务是愉快、光荣的事，树立愿为他人服务的好思想			
达标要求	低年级：参与亲子社区公益活动 高年级：组织参与"雏鹰假日小队"社区公益活动			
争章步骤	参与社区活动 公益地点打卡签到 记录每一次的服务情况 社区工作人员根据服务情况进行打分			

表 2-10　"全能小当家"争章的评价方法

类别	家庭劳动	劳动争章名称	全能小当家
目标	通过家务劳动养成爱劳动的好习惯、树立爱劳动的良好家风			

（续表）

达标要求	低年级：在父母帮助下认识并学习简单家务劳动技能 高年级：掌握较复杂的家务劳动技能
争章步骤	认识并学会一些家务劳动方法和技能 每日劳动打卡（周末早起劳动打卡加分） 家庭成员及校园好友进行访问、评估 家庭成员根据劳动情况进行打分

五、助力"劳动乐园"课程实施——全方位保障

（一）组织保障

注重学校劳动教育课程的顶层设计与整体架构，学校劳动教育课程的设计与实施由校领导、德育主任和学科组长组成的劳动教育领导小组负责，劳动融合课程由学科组进行统一实施，校内劳动和校外实践由集体讨论、专人负责，确保劳动教育落实到位。

（二）学习保障

不断加强学习，探索劳动教育的新内涵，学校定期举办各种形式的劳动教育学习交流活动，组织教师学习相关理论，提高教师理论水平和活动指导能力。

（三）制度保障

学校在劳动教育课程试点探索过程中形成了工作例会制度，开展阶段性反馈工作，对出现的问题、瓶颈进行研讨，提供解决的思路。

（四）资源保障

学校劳动教育要积极挖掘家长资源，拓展家校共育的劳动教育空间；充分利用社区资源，拓宽劳动教育的课程资源，家校社协同，形成合力，提升学生劳动素养。

劳动最光荣，劳动最快乐，对"劳动乐园"小学劳动教育课程体系建设的实践探索也是一种劳动价值的体现。如何令"劳"字更加醒目，如何让"劳动"发挥更好的育人价值，还有很多提升空间。

中小学"人格养成"德育活动课程一体化建设

　　"立德树人"是教育的根本任务。《中小学德育工作指南》强调，要"从中小学生的成长规律出发，中小学德育工作要以培养学生良好思想品德和健全人格为根本"，培养青少年健全人格是教育工作者刻不容缓的责任和使命。新时代培养学生健全人格的着力点在哪里？我们该如何开展一体化的人格养成教育？带着对这些问题的思考，浦东新区"梁莉中小学德育学科工作坊"开展了"中小学一体化背景下学生人格养成德育活动课程建设与实践"的课题研究。在实践探索中，我们通过文献研究对相关政策和理论进行研读，对"人格养成""一体化德育体系建设""德育活动课程"等核心概念进行诠释，围绕一体化的人格养成德育活动的课程目标进行设计和架构，初步形成小初高系列化的学生"人格养成"活动课程目标框架。

一、核心概念

（一）人格养成

1. 对青少年"人格养成"的认识

　　"人格"一词来源于拉丁文 person，学术界基本认同其原意，即"演员佩带的面具从而表示他所扮演的角色"。在文献研究中，我们发现"人格"的内涵丰富，伦理学、社会学、哲学等学科都各自有诠释。其中社会学把人的社会化过程看作人格形成和发展的过程，提出社会化对人格养成具有一定的作用。我国心理学家郑雪认为："人格是个体在先天生物遗传素质的基础上，通过后来社会环境的相互作用而形成的相对稳定而独特的心理行为模式。"奥地利心理学者阿德勒在《儿童人格教育》一书中提到，培养孩子成为人格健全的公民是教育的首要目标。我国教育大家蔡元培先生认为，教育的全部目的与过程就是让儿童和青少年成长为一个"人"，养成其"人之为人的品格"。钟启泉教授指出，基础教育的使命是奠定每一个儿童学力发展的基础和人格发展的基础。这些对人格养成的诠释，让我们看到人格发展并不完全是先天的，也不以成人的意志强加而形成。青少年时期的人格培养对其一生的发展至关重要。而教育作为人类特有的社会实践活动，对人格的塑造，尤其是对青少年的人格塑造能发挥积极的作用。

　　德育是影响对象德性成长的教育活动，而健全人格正是一个人德性养成中的一个重要部分。尤其是儿童的活动不仅是认识的源泉，也是人格发展的基础。儿童的人格养成是儿童周遭的外部条件及其自身的内部条件交互作用的一个过程、一种结晶。其间的中介,无非就是儿童的主体性活动,人格在活动中并且唯有通过活动才能得到发展。《中小学德育工作指南》中德育工作的六大实施途径之一是活动育人,强调了德育活动对学生成长的重要作用。所以我们说德育活动的终极指向是健全人格的养成。

2. 健全人格的人格维度

世俗理解下的"健全人格"是从人格概念中衍生出来的,也有人将其表述为"理想人格""完善人格""全人教育"等。不同的专业领域对"健全人格"的含义作出了不同的阐释。美国心理学家罗杰斯主张应在教育中培养身体、心智、情感等融为一体的完整的人。日本教育家小原国芳对健全人格教育设定了一个理想的终极目标,即成为一个完整的、人格完善的人。这样的教育应注重真、善、美、圣、健、富六项价值,使受教育者在学问、道德、艺术、宗教、身体、生活六个方面得到均衡、和谐的发展。学者李伟强和甘超从青少年学生的人格结构出发提出,健全人格是指人格结构中所有特质健康、全面、协调的发展,表现出适应能力良好、人际关系和谐、情绪稳定积极、心理健康等发展状态。杨丽珠教授在多年研究儿童人格结构的基础上提出,儿童的健全人格是指在儿童人格结构中具有普遍性和积极适应性的典型人格特质的健康、全面、均衡的发展。综上所述,应将青少年的"人格养成"视为发展性概念,以培养青少年的健全人格为教育的主要目的。健全人格是具有多维度、多层次且层次间复杂联系的概念名词。在中文语境的世俗理解中,可以广义地将"健全人格"理解为"个人道德——品格""身心特质——体格""思维行为——风格""个性特征——性格""法律主体——资格"这五个维度的综合概念。抛开"人格"法定概念中的"资格",我们认为"人格养成"的关键要素就应该包括品格、体格、风格与性格这四个重要维度。

(二)中小学一体化德育活动课程

1. 一体化德育体系建设

人的全面发展需要通过系统的教育培养和支撑,青少年的成长过程可以分为若干相互衔接、依次出现而又各具特点的发展阶段,每个阶段的德育内容应该连贯统一,每个阶段的德育要求应该循序渐进。我们在课题文献研究中发现一体化德育体系建设早在 1994 年国家教委颁布的《关于进一步加强和改进学校德育工作的若干意见》中就有体现,该意见明确提出"整体规划学校德育体系的任务"。2005 年,教育部又出台《关于整体规划大中小学德育体系的意见》,明确提出整体规划的实施意见。2010 年,"构建大中小学有效衔接的德育体系"写进了《国家中长期教育改革和发展规划纲要(2010—2020)》。2011 年,教育部启动"整体规划大中小学德育课程项目"。近年来在政策层面对一体化德育体系建设的规划更是要求明确、内容详尽。2017 年 8 月印发的《关于深化教育体制机制改革的意见》文件中,党中央和国务院对"构建以社会主义核心价值观为引领的大中小幼一体化德育体系"进行了总体部署。同年教育部发布的《中小学德育工作指南》也从国家顶层设计的大局方向,明确构建了大中小一体化德育体系的德育目标、各学段德育内容、实施途径、工作要求及考核评价要点。上海市在2005 年就开始探索研究推进大中小学德育课程一体化建设,承担了教育部"大中小德育课程一体化建设研究"重大攻关项目,构建大中小一体化的德育活动课程内容体系以转化、内化、深化社会主义核心价值观为主旨,把"政治认同""国家意识""文化自信""人格养成"作为顶层内容体系的重点。

对政策溯源是我们开展研究的基础,让我们认识到一体化德育体系建设是新时代教育强国的要求,体现了回归"立德树人"教育本源,值得教育工作者积极探索和实践。

2. 人格养成德育活动课程

德育课程是我国中小学道德教育的主渠道。学校显性德育课程一般包括学科德育课程、专题德育课程和活动性德育课程。我们这里所指的德育活动课程就是把德育活动用课程化的方式进行构建,依据课程目标、课程内容、课程实施和课程评价的课程建设四个要素,对德育活动进行设计。德育活动课程化体现了系统性思维,解决的是德育活动碎片化、随意性和结构不完整的问题。上海在"大中小学课程德育一体化建设"中提出以政治认同、国家意识、文化自信和人格养成为重点的课程德育一体化的顶层内容体系,在课程德育建设上有很大突破。我们的"人格养成"德育活动课程内容就是选自于此。"人格养成"德育活动课程指向中小学人格养成,围绕"健康身心、守法诚信、自由平等、自强合作"四个板块的教育内容,建立各学段纵向衔接的德育活动内容,依据课程化思维进行序列化、梯度化的德育活动设计,形成一体化德育活动课程,与一体化课程德育相辅相成。

二、学段递进的德育活动课程目标设定

从课程的要素出发,德育活动课程的目标及内容体系是整个课程要素中不可缺少、不可分割的必要部分,是该课程的核心价值导向,是课程实施的方向、内容的出发点和评价的最终归宿。

为正确把握一体化德育活动课程目标的整体结构和具体内容,从课程主体框架、横向以及纵向目标维度、具体目标内容表述等三个方面进行研究。

(一)依据人格素养维度,把握课程主体目标框架

人格素养维度的界定指明了该课程发展的方向,有助于提炼活动课程本质特征,整合德育活动单元,消解碎片化的德育活动形式。所以确定人格素养维度是确定德育活动课程目标的主要依据,是明确德育活动课程框架的重要支撑。

依据前文所述关键人格要素中体格、性格、品格与风格这四个重要维度,比照《中小学德育工作指南》育人总目标中的核心概念,我们将"人格养成"德育活动课程总目标设定为:以学生人格养成为核心,促进学生身心健康发展,养成良好的政治素质、道德品质、法治意识和行为习惯,形成正确的世界观、人生观和价值观。

在"人格养成"德育活动课程总目标框架下,我们生成各板块细分目标,将一体化德育活动课程的内容分为身心健康、团结协作、诚实守法和自由平等四大板块,从而构建起德育活动课程目标的基本结构(见表 2 - 11)。

表 2-11 德育活动课程目标框架

人格养成要素	体格	性格	品格	风格
德育活动课程总目标	促进学生身心健康发展,养成良好的政治素质、道德品质、法治意识和行为习惯,形成正确的世界观、价值观和人生观			
德育活动课程细分目标	身心健康发展	性格乐群向上	良好道德品质	良好政治素质良好法治意识
德育活动课程内容	身心健康	团结协作	诚实守法	自由平等

(二)开展质性分析,构建学段衔接、能力分层的目标体系

基于德育活动课程的总目标,根据中小学各年段学生的人格发展情况,我们对总目标做进一步的分解和细化。

依照《中小学德育工作指南》的学段目标,对各年段学生能力目标进行分层,细分为"小学低段""小学高段""初中""高中"四个横向能力层级,对素养内涵进行质性分析,形成三个纵向能力层级。一般认为"品德是道德认知、道德情感、道德行为构成的综合体",与品德的构成相对应的,学校的德育活动主要也从三个方面促进学生健全人格的发展,包括:促进学生认知的发展、陶冶学生情操、培养学生行为习惯等。因此,为了更加符合人格素养发展规律,匹配学校德育活动开展方式,笔者将该课程每项板块目标纵向划分为认知与理解、情感与体验、行为与意愿等三个能力层级。各层级互为补充,有清晰的边界,又融为整体。整个目标体系形成分层递进、螺旋上升、整体衔接的教育目标序列(见表 2-12)。

表 2-12 德育活动课程目标体系

板块内容	目标维度	小学低段	小学高段	初中	高中
健康身心	认知与理解				
	情感与体验				
	行为与意愿				
守法诚信	认知与理解				
	情感与体验				
	行为与意愿				
自由平等	认知与理解				
	情感与体验				
	行为与意愿				
自强合作	认知与理解				
	情感与体验				
	行为与意愿				

（三）从人格生成发展规律把握课程目标内容表述

人格发展是一个连续的过程。中小学德育活动课程一体化也意味着中小学德育活动是一个连续的统一体。课程目标的整体框架搭建很好地保证了目标内容的整体性原则。

但是学生在不同阶段的人格特征、认知能力、社会性发展特征等都不尽相同，所以中小学各个时期德育活动课程的阶段目标应符合人格发展的基本规律，具体目标内容相互衔接，层层递进，从而指导不同课程实施内容、方法的选择。根据埃里克森人格发展八阶段理论，以及艾利康宁的儿童主导活动发展阶段说，课题组绘制了基于课程目标主体框架的人格发展规律表(见表 2－13)。

表 2－13 学生人格发展规律表

目标维度	小学低年段 （6～7 岁）	小学高年段 （7～12 岁）	初中 （12～15 岁）	高中 （15～18 岁）
认知与理解	理解道德行为的一般含义	认识道德规则的含义	认识个性特征和品质	形成道德理想
情感与体验	在游戏中体会自我功能	在人物中体验能力的实现	对自我的确认和对有关自我发展的一些重大问题，诸如理想、职业价值观、人生观等的思考和选择	
行为与意愿	游戏活动类型	任务活动类型	社会公益等交往活动类型	职业活动类型

此规律表以主要人格发展为依据，建立的各版块目标内容具有更好的系统性与科学性。比如，在"团结合作"板块的认知与理解目标维度，就依据不同年龄段学生对道德行为、规则、特征、理想价值的认知能力层次，设计阶段目标(见表 2－14)。在目标的表述中，以学生发展为中心，遵循"学生主体原则"，由近及远地表述其与自身、他人、世界的对话关系。

表 2－14 团结合作板块的认知与理解目标维度

内容	目标维度	学段			
		小学低年级	小学高年级	初中阶段	高中阶段
自强合作	认知与理解	① 理解"团结就是力量"这句话的意思 ② 知道自己的事情自己做的要求 ③ 知道公平正义、尊重诚信是与人为	① 掌握反映自强自立的名言故事 ② 懂得同学间应团结友爱，互相帮助。懂得宽容别人的不足	① 知道崇尚气节、不畏挫折、勇于求新都是人格修养不可或缺的一部分 ② 知道每一个人都有独特的存在价值。理解自己的价值要靠努力来实现、他人的价值要靠发现来了解的道理	① 知道自己的理想应该同祖国的前途、自己的人生民族的命运紧密联系在一起 ② 知道中国特色社会主义制度中的四个自信内容 ③ 了解中华民族儿女多元一体，休戚与共，

内容	目标维度	学段			
		小学低年级	小学高年级	初中阶段	高中阶段
		善的行为 ④ 知道歧视、欺凌、排斥他人的行为是不对的	③ 理解班集体的荣誉需要每一位班级成员共同维护 ④ 了解生活中处处有合作的道理	③ 树立正确的交友观，知道与人交往的基本原则，如诚实、公平等 ④ 认识"合作"与"竞争"的辩证关系。理解无论是竞争还是合作，都要积极处理自己与他人的关系	团结奋斗，共创辉煌的历史经验 ④ 了解当下中国重视开展国际合作，构建以合作共赢为核心的新型国际关系的理念及时代价值

学校的德育活动目标还应来源于学生的切实成长需求与困境，应随时代、教育情境的改变而发生变化，随时以中小学生身心个性、学生群体特征、思想实际和接受能力为依据，整体建构中小学德育目标体系，强化学生道德认知能力，重视道德情操的提升与道德实践能力训练，促进学生健全人格的养成，从而努力培养合格的新时代社会主义事业的建设者和接班人。

三、结语

中小学"人格养成"德育活动课程的建设还在进行中。在第一阶段对活动课程目标研究的基础上，我们要继续开展中小学"人格养成"德育活动设计。落实立德树人根本任务，迫切需要增强德育活动的实效性。为此我们要进一步分析不同阶段学生"人格养成"德育活动的现状和特点，聚焦"人格养成"4 个重要教育内容，活动设计中突出横向融通思想，融合学科活动，打通家、校、社的活动通道，形成符合不同学生发展需求的一体化德育活动内容。同时，基于德育活动目标和内容，我们还将进一步研究"人格养成"的德育活动评价，使德育活动课程结构完整、内容充实、评价贴切，为区域一体化建设提供实践经验。

03

第三篇
文 化 育 人

文化是一个国家、一个民族的灵魂,文化兴则国运兴,文化强则民族强。在学校的文化建设中,如何引导学生准确理解和把握社会主义核心价值观的深刻内涵和实践要求?

根据《中小学德育工作指南》的阐述,文化育人的要义是:从优化校园环境、营造文化氛围、建设网络文化等方面加强校园文化建设,让校园处处成为育人的场所,发挥校园文化育人的作用。福山集团学校在校园文化塑造上,做了积极探索。

校园精神是一所学校的灵魂和本质。福山的教师形象为"注重细节,注重眼界,注重思想",养育"善于学习,勤于思考;求真务实,追求卓越"的精神,引导学生塑造"四气、八字"的少年形象,从而让校园文化有了最具体、最切实的教育内涵。

学生形象是学生精神面貌的体现,是教师、家长等相关群体心目中对学生的表现和特征的反映,是社会公众对学生的总体评价。我们深刻地认识到素质是形象的内涵,形象是素质的外在表现。学校要培养什么样的学生?对于这个问题的回答要基于国际形势、国家意志、社会需要,也要基于学校的办学理念和历史传统。

笔者在工作中将社会主义核心价值观与福山形象少年的教育紧密结合,以社会主义核心价值观涵养儿童的精神,坚持以"四气、八字"来引导学生。"四气"是指正气、大气、雅气、灵气,"八字"是尊重、负责、诚信、合作。"四气"为气质的综合,是精神内涵的凝聚;"八字"为气质之依托,是精神支撑的梁柱。学校在培养过程中找准学生培养的重心,在方法、习惯、性格、气质、道德等诸多方面对学生加以帮助和引导,让理解、尊重、宽容、合作成为儿童的优秀品质。

传播文化是我们共同的责任

当前,世界正在兴起"汉语热",来华留学生的人数也在逐年攀升。在过去10年里,中国的对外汉语教学也迅速发展起来。为了满足全球汉语学习者的需求,国家有关部门还向世界各地的100多家孔子学院派遣了汉语教师。当今世界出现的汉语热,一是因为中华民族历史悠久,有着光辉灿烂的文化,对人类进步做出过巨大贡献;二是因为40多年来,中国实行改革开放,综合国力大大提升,与中国打交道、对中华文化感兴趣的国家、国际组织和人员日益增多。学习汉语也就成为深入了解中国的必由之路。"汉语热"的兴起,表明世界对中国未来发展的预期越来越好。我们有理由相信,随着中国经济的进一步发展和国际地位的日益提高,世界上学习汉语和中国文化的人数还会不断增加。

教师是传播文化的使者。教师要履行好文化传播者的使命,首先,应该提高自身的文化素养,除了加强传统文化知识的学习,还应有针对性地学习本地的地域文化,也要有意识地学习世界文化、历史等多方面的知识。对外汉语教师不能仅仅满足于传授语言知识,还必须具备相应的文化底蕴,在思想上充分认识文化传播在语言教学中的重要性,加强学习,不断充实自己,切实提高自身文化素质和水平,增强自身的文化底蕴。

其次,教师们传播文化的方式方法要避免牵强生硬,恰当的方式方法是促进文化有效传播的保障。我们都知道,优秀文化要"渗透"生活。社会主义核心价值体系不是空洞的理论说教,而是把先进的文化"渗透"于活动中,在学生中开展丰富多彩的文化活动,让孩子们在潜移默化中树立起科学、积极的人生态度,培养起良好的公德意识,培养孩子们爱祖国、爱人民、博采古今中外文化精华的意识。福山外国语小学把实施"国际理解教育"作为培养具有全球意识的世界小公民的有效载体。国际理解教育与可持续发展教育、多元文化教育、和平教育、人权和民主教育等课程相伴相生。我们所实施的国际理解是在坚持民族传统、弘扬民族精神基础上了解多元文化、尊重多样性。我们提出了"从这里走向世界"的口号,"这里"指的是本土和当地,体现的是民族精神和地域文化。"走向世界"是以宽广的胸怀和宽阔的视野对照和审视自身的发展,以实现更好的发展。

文化的传播应该融汇在教学的过程中。在学习过程中,涉及相关内容时,自然而然地引申出文化内容来,这样的方式不会让学生觉得生硬,也能收到较好的效果。例如,学到"节日"这个词时,就可引出中国的传统节日清明节、端午节、中秋节、重阳节、春节等,通过介绍这些传统节日的来历、习俗等,让学生了解相关的传统文化知识,还可通过与学习者所在国的传统节日进行比较,来了解不同地域、不同民族文化的差异,从而加深印象,也拓展了教学的内容。

如果说教育是一项使命,那么教师就是肩负使命的人。教师要多读书,充实自己,武装自己,做一个自觉的文化传播者。

"四气、八字"显特质，知理明行促成长

　　形象是指社会组织及其行为通过传播在公众心目中所确立的综合印象。学生形象则是学生的表现和特征在学校、教师、家长等相关人员心目中的反映，是社会公众对学生的总体评价，是学生精神面貌的体现。当前，我国正处在改革发展的关键时期，社会情况发生了复杂而深刻的变化，直接或间接影响着少年儿童的身心发展。在这样的时代背景下，我们深刻地认识到，素质是形象的内涵，形象是素质的外在表现。福山要培养什么样的学生？对于这个问题的回答要基于国际形势、国家意志、社会需要，也要基于学校的办学理念和历史传统。

　　福山集团学校多年来一直坚持"四气、八字"的学生形象教育。"四气"是指正气、大气、雅气、灵气，"八字"是尊重、负责、诚信、合作。党的十八大提出"富强、民主、文明、和谐，自由、平等、公正、法治，爱国、敬业、诚信、友善"的社会主义核心价值观，其中，爱国、敬业、诚信、友善就是公民个人层面的价值准则和形象表现，这也是福山集团学校一直坚持的教育价值取向。因此，学校将社会主义核心价值观与福山形象少年的教育紧密结合，以社会主义核心价值观涵养儿童的精神，在方法上、习惯上、性格上、气质上、道德上对学生加以帮助和引导，让理解、尊重、宽容、合作成为儿童的优秀品质。

一、多途径让"形象少年"教育生根做实

（一）与行为规范训练相结合

　　著名教育家叶圣陶先生说："教育是什么？往简单方面说，只需一句话，就是养成良好习惯。"将少年形象教育与行规教育相结合是学校德育工作的特色，它为解决空洞说教与机械训练、学生言行不一缺乏自律等"老大难"问题提供了新的思路。学生主体自己塑造自己，自己管理自己是形象少年教育的核心。为使形象少年的要求落到实处，学校制定了《福山形象少年德目要求》，并尝试采取各个突破的方法，学校每学期根据形象少年的教育要求将行为目标细化成行为规范教育的具体内容，从小事做起，从一点一滴开始，每学期有步骤地落实，使之成为学生的行为准则。

　　例如，在落实形象少年"尊重教育"德目要求中"尊重他人，不影响他人的活动，尊重他人的劳动成果"等要求时，我们把它细化为"文明课间，不大声喧哗、不奔跑，不影响他人休息。文明用餐，排队领餐、安静用餐、轻放餐具、不剩饭菜"等细则，具体指导学生行为。又如在落实"负责教育"德目要求时，我们组织学生开展什么是"责任"的大

讨论,引导学生认识到责任就是自己的事情自己做,做好自己力所能及的事情,并且对自己做的事负责。我们进一步把它细化为"按时上学、不随意缺课、专心听讲、按时完成作业;遵守学校纪律,做好自己小岗位(值周、劳动、班物等)上的事,不给他人带来麻烦,看到地上有纸屑主动捡起来"等。通过这些具体化的要求帮助孩子规范行为,形成良好少年形象。

(二)与家庭教育相结合

在形象少年教育工程中,家庭是孩子发展的另一个重要场所,而家长则是学校重要的教育合作伙伴。由于年龄特点所致,孩子在习惯的养成上会有反复性,积极争取家长的教育力量显得尤为重要,学校广泛听取了家长对学生形象教育德目的意见,向家长发出倡议,在家庭中、社会上帮助孩子落实"尊重、诚信、负责、合作"的德目要求,并能用实际行动做孩子的榜样。我们还请家长参与日常评定,监督孩子切实做到学校的要求。每次的家长会上,一部分有成功体验的家长都会向全体家长交流心得,家长的大力支持和配合使形象少年教育工程进一步落到实处。

(三)与学科教育相结合

德育讲究"润物细无声"。学校在形象少年教育过程中,重视利用学校现有教育资源和优势,开展了与学科相结合的做法,寓德育于学科之中。

语文德育内容具有分散性、丰富性等特点。我们在语文教学中,注重选取有代表性的课文,以鲜明的形象和生动的语言,诠释"尊重、诚信、负责、合作"的含义,通过人物的刻画、对祖国大好河山的赞美,使学生在潜移默化中接受正确的、高尚的道德熏陶。在体育与健身课上,教师们不仅仅在课堂上教会学生掌握一些运动的技能技巧,更善于抓住一切时机培养学生勇敢顽强、不怕困难的作风。每年的冬锻节、小型体育竞赛等都是学生们合作意识、责任感的最佳体现。美术教学中,我们同样把握时代教育脉搏,认真挖掘并利用美术学科内容中所蕴含的德育因素,恰到好处地对学生进行引导和教育。例如,通过"我爱我家"的绘画作品,让学生学会尊重父母。通过设计宣传海报,体验合作带来的快乐。同样,在自然常识课上,我们以"自然笔记"为载体,帮助学生理解热爱自然、尊重自然、和谐共存的道理。课堂上老师们有意识的渗透使学生对形象少年的要求有了进一层的感悟。

(四)与学生评价相结合

每年的六月份,学校会如期举行形象少年评选,根据《福山形象少年德目要求》而制定的"形象少年评选细则"也由全校师生共同讨论,讨论的过程就是再次学习"形象少年德目要求"的过程。细则中将形象少年按等级分为一星级形象少年、二星级形象少年、三星级形象少年和四星级形象少年。能做到"形象少年德目要求"中的一两点就能成为一星级的形象少年,基本做到各方面要求可以成为二星级少年,三星级和四星级的形象少年的评选得到全体学生的评价,这些学生需要在年级和校区内展示自己争创的成果,以海报、网站的形式展示自己的风采,每班学生用选举的形式选出心目中的"福山形象少年"。在评选的过程中,学生再次主动体会福山少年应该具备的良好行为规范、行为能力、道德水平和健康完善的人格。

给不同基础的学生以不同的台阶,给更多的孩子成功的机会,帮助每一位学生向更高的形象目标努力。评选出福山的形象少年不是真正的目的,我们更关注每一个孩子争创的过程,关注孩子的每一点进步和每一分努力。

二、在主题活动中丰富"形象少年"教育内涵

让学生在实践活动中体验"尊重、诚信、负责、合作"的少年形象要求,在体验活动中获得个人的感受,能加深学生们对《福山形象少年德目要求》的理解,也使我们的教育活动更生动,更富内涵。

(一)在活动中学会负责

我们在活动中寻找适合学生的方法,培养学生的责任意识,不断地培养学生的责任感,让他们做最好的自我,学会勇敢地承担起自己的责任。在"爱我学校"主题活动中,向学生发出倡议,并通过"我是学校小主人,我为学校尽责任"制定护校公约的活动,激发学生热爱学校的思想感情,并能主动用自己的行为维护新的校貌,对学校负责;在一年一度的少代会期间,我们引导队员们发扬主人翁精神,充分发挥参政议政的意识,创设平台,通过推选代表、征集提交提案、竞选大队委员等活动,让队员们为学校的建设和发展出谋划策,出"金点子",做学校的"小当家",体现对组织负责的意识;在教师节等活动,我们倡议学生设计新学期的新面貌、新目标,制作成卡片,赠送给老师,向老师献上一份"自我设计卡",在献上卡片的同时,学生们懂得了要对辛勤培育自己的老师负责,更为自己的目标和承诺付出努力,对自己负责。

(二)在活动中感悟尊重

我们以生命教育主题活动、庆祝"三八"妇女节活动、"学雷锋纪念日"活动为契机,倡导学生尊重他人、尊重父母、尊重生命。学雷锋纪念日前夕,学校组织队员到"特教中心"开展服务体验活动,同学们和聋哑孩子结成对子,用笔进行交谈,向聋哑学生赠送精心准备的礼物。通过这次活动,福山的孩子学会了尊重弱势群体,在尊重他人、服务他人中为自己的生命增添精彩和快乐;国际劳动妇女节是一个极富教育意义的节日,为了让学生体验感悟父母的养育之恩,培养尊重父母的情感,我们组织学生开展了"护蛋三日"活动,学生们体会到了母亲养育孩子的辛苦,学会用自己的行动去尊重父母;我校还开展了"尊重你我他"童谣创编比赛,学生们将如何尊重自己、尊重他人、尊重社会的礼仪知识用富有童趣、朗朗上口的语言创编成童谣,在创作的过程中加深了对尊重教育的认知和感悟。

(三)在活动中增强合作

我们以丰富多彩的科技、文艺、体育活动为途径,培养学生相互配合,齐心协力,通力合作的品质,让学生们懂得合作的重要性。在"班班有歌声"歌咏比赛中,从节目的选定和编排,到队形的排列和变化,再到每个班级的一次次排练,都在潜移默化地进行着合作意识的教育,"舞动中国风"活动展示了"合作"教育的成果。师生共同策划,设

计舞蹈动作;大家群策群力,准备演出服装,亲手制作道具……每一个节目都使团结协作的精神得到了锤炼;"庆祝国庆"方队检阅式活动深化了孩子们的合作意识,在检阅式上,学生们以整齐划一的队伍、流畅简洁的造型、掷地有声的宣言,展示了各个中队团结协作的精神风貌。赛后在交流中,学生们有着共同的心声:只有相互合作,才能取得集体的成功。

(四)在活动中体验诚信

诚信是立身之本是青少年健康成长的道德基础。要让学生真正成为一个诚信的人,光凭说教是难以有成效的。为了让学生不仅在思想上有做诚信人的意识,而且在行动上也要真正做到诚信,我校特地举行一系列的活动,让学生参与到活动中去,丰富生活体验,提高思想认识。例如,利用升旗仪式"国旗下讲话"对学生进行诚信教育,让学生明确诚信是我们的名片;利用在阅览室阅读的时间,收集古今中外伟人们的诚信格言;在校红领巾台专门开出"诚信大家谈"栏目;在电视上播放《诚实的乐羊之妻》《工作诚信的富兰克林》等一系列以诚信为主题的电视节目;我校还在全校范围内举行了"我的承诺"主题中队会。学生们联系生活实际,从小处、小事着手,作出承诺;各班还举行了诚信故事演讲比赛、诚信手抄报活动等;我们还组织学生为身边讲诚实、讲信用的好人好事点赞,评选"诚信小标兵",树立了可学的榜样。同学们在"争做诚信使者"系列活动中提高了认识,形成了诚信的可贵品质。

三、思考与展望

社会经济发展对传统道德提出了强劲的挑战,使学生形象教育更具挑战。24字的社会主义核心价值观,给学校形象少年的教育提供了良好的社会环境,我们感到,学生形象教育是一项非常值得推广的教育工作,将"形象少年教育"课程化是提升形象少年教育活动的重要保障。以课程为保障,可以使形象少年教育更成体系、更科学合理,推进工作更有步骤、有层次。学校目前已经尝试开发形象少年的德育课程,将历年的形象少年教育主题活动融入活动课程,将"形象少年德目要求"编写成适合学生发展、适应社会发展的校本德育教材。用课程统领学校的教育活动,让学生在系统的课程学习中得到教育,让德育工作具有更强的系统性。在课程开发的过程中,我们还将继续发挥学生、各科教师和家长的作用,将课程开发的过程作为进一步探索和研究学生形象教育的过程。

四、结语

"创造优质温馨的教育环境,让每一个孩子受到适切的教育,得到和谐的发展",这是福山集团学校长期坚持的办学理念。在学校以国际理解教育为特色的发展规划中,我们对福山学子的培养目标做了如下描述:

通过基于国际理解教育理念的多元课程和人文环境,培养学生初步具备学会生存、学会做事、学会求知、学会合作的意识与能力,具有正气、大气、雅气、灵气的精神气质,具有尊重、负责、诚信、合作的道德品质,保持强烈的好奇心、求知欲,逐步形成具有创造未来幸福生活的综合素养,成为兼具民族情怀、国际视野,体现福山特质的终身学习者和未来建设者。

对于这段话的理解可以分成三个层面:首先,从大目标上讲,我们要培养兼具民族情怀、国际视野,体现福山特质的终身学习者和未来建设者。随着信息技术、交通航运、国际交流与合作等领域的蓬勃发展,世界的变化越来越快,要应对这种日新月异的变化,终身学习无疑是一个基本原则,这就要求我们教育工作者要多在方法上、习惯上、性格上、气质上、道德上对学生加以帮助和引导。同时,教育者也要有发展的眼光,要把学生定位在未来建设者上,培养符合未来需要的知识、能力、情感、态度、思维习惯等。民族情怀、国际视野,这是福山教育的追求,也是福山特质的真正内涵。其次,从具体目标上讲,我们坚持四个"学会"的质量方针,培养学生具有四种气质、四种品质,要让学生具有创造未来幸福生活的综合素养。

福山多年来一直坚持的"四气、八字"教育也早已成为福山教师的群体共识。通过我们的教育,要让学生具有创造未来幸福生活的综合素养。围绕学校育人目标,我校开展学生形象教育是扎实的,成效是显著的,但学生的形象教育是一项长期的教育活动,需要坚持不懈,从长效性上下功夫。一方面要紧扣时代脉搏,不断丰富学生形象教育的内容,另一方面要不断创新教育形式,时代在变化,学生在变化,我们的教育方式和手段也必须随之改变,寻找适合孩子发展的教育,要成为我们不懈追求的目标。

老福山人心中的福山精神

校园精神是一所学校的灵魂和本质。笔者是一个数学老师，虽不擅长讲故事，但仍想试着从我在福山的几次角色转变说起，来聊聊我理解的福山文化和精神。

2018年是我在教师岗位工作的第30年。如果把我这30年的教师生涯划分为2个时期，前10年是一个青涩的教学新兵逐步走向成熟，之后的20年是人生中最成熟、精力最充沛的一段，我把自己的发展与学校紧紧联系在一起。从1998年调入福山路小学（现福山外国语小学），我先后担任过数学老师、班主任、德育教导、校办主任、事业发展部主任、学生发展部主任、副校长，2018年又有一个新的岗位等着我去锻炼。

一、细节决定品质

第一次角色转变是从数学老师班主任转变为德育教导主任。那个阶段是我挨批评最多，也是我工作上进步最快的一段时光。因为我之前是数学老师，工作的特点是速度快，但对细节的关注不够，最具代表性的事件就是写通知，当时我们每一份通知都会送到石惠新校长手里审阅，从事德育工作要发的通知特别多，总会被她发现问题，错字漏字、错用标点符号、用词不确切等，搞得我很是尴尬。校长那时在我的工作月报回复中说得最多的就是："细节决定品质，品质源于细节。我们每一份对外的通知都是学校的形象，每一个不谨慎的影响面都会很大，我们的疏忽丢掉的是品质。"所以，之后我落笔的每一份通知和方案都是自己反复审阅过的，因为我理解了福山精神是注重细节、关注品质。

做德育工作的人都知道，学校德育工作琐碎忙碌，有时忙了一整天却收效甚微。特殊的学生要找，难搞的家长要找，学生课间大声喧哗和奔跑要找，教室的门被风吹的砰砰响都要找，有种每天都在奔命的感觉。那个时候也是学校发展得最快的时候，石惠新校长看出了我们这群年轻干部有干劲少思路，工作无序的状态，于是要求我们每个月梳理自己部门的工作，用月报的形式进行沟通。静下心来反思自己的忙碌，发现少思考和没目标是无序工作的症结。因此，找准发展目标、进行系统思考是我对福山精神的理解。

经过多方讨论和设计，我们推出"福山少年形象"教育工程，根据学校国际化的办学目标和时代对学生的新要求，确定了"尊重、诚信、负责、合作"的学生培养目标。为了落实这一目标，我带领全校师生开展讨论，出台细则，分层落实。每学年组织活动，制定主题,层层递进,让学生在明理践行的过程中逐渐成为有个性特征、会合作分享、诚实、活泼、快乐的福山少年。那个阶段学校在强化管理的执行力,重视每项工作的前期整体规划以及过程中的细节把握。对细节的把握让我们的学生活动成为学校德育工作的亮点。争做福山形象少年,学会尊重、诚信、负责、合作成为校园主旋律,到后来,又成为学校的校风校纪,成为学校文化的重要组成部分,融入每个师生员工的心里。在当时其他学校的德育工作还没有显著成效的时候,我们初步形成了德育工作特色,2004年被评为上海市德育先进集体、上海市十佳家庭教育示范校。

回想第一阶段,批评没少吃,工作没少做,成绩也显著,真的是忙并快乐着的日子。

二、眼界提升境界

第二次角色转变是2007年6月,因为学校快速发展的需要,我被聘为事业发展部主任,工作内容全面转型。面对陌生的领域、未知的挑战,我的第一反应是退缩。当时,我对德育工作得心应手,对新的工作毫无把握,我在彷徨不安中,提笔给石校长写信,表达不能胜任的担心。校长回复我说:"人不能躺在过去的成绩上,任何一个行政岗位都是为老师和学生服务的。"我为自己的退缩汗颜了。于是,我接受了新角色,开展对外拓展工作,接触教育群体之外的人。一做才发现自己有那么多不会的。海外交流团需要有对国际规则的了解,租借场地签合同需要有相关知识的支撑,合作洽谈需要有艺术,我感到每一件事都是那么不容易,好在有石校长做我们的后盾。石校长告诉我,和不同的人打交道的方法是不一样的,想清楚自己要达成的目的,艺术性地处理问题,比生硬的方法要好得多。那段日子,我觉得是最忙碌的,几乎没有双休日,那时一项工作结束,最大的娱乐活动就是与同事相约一起逛街购物,当时也没有淘宝、网购,我常常说那是一段只挣钱不花钱的日子。

这段经历让我在和不同的人、事、物接触的过程中打开了眼界,尤其是很多次进行国内外考察后,跳出教育再看教育,当我再次回到学生发展部的时候,感觉更加得心应手了,我发现原先德育工作中的一些困惑和问题忽然就迎刃而解了。就拿学生行为规范教育来说,我们一直喜欢讲不可以怎么样,采取评比考核等办法,但效果总是不理想。其实我们还是没有好好研究孩子的发展规律,孩子的天性是喜爱自由、无拘无束,一味地约束就是在和孩子的天性作斗争,"堵"行不通,唯有"引",从最开始的一招一式开始,拍录像,讲故事,用孩子能接受的方式教育孩子。心态平和了,教育的成效也就出来了。作为学生发展部主任,我把自己的角色定位在为学校德育工作更高层次的发展做好规划,带领好每个校区的德育主任和大队辅导员,固化成功经验,切实提高实效性。我们编写了《学校德育工作简报》,增强人人都是德育工作者的意识,一起找问题,想办法,寻找德育教育突破口。《学校德育工作简报》的编写大大增加了我的工作量,也给我增加了不少心理负担。每周五简报要交校长审阅,周一下发全体老师,使我丝毫不敢懈怠。为使简报更贴近教师,贴近实际,也迫使我更多地沉到第一线,了解需求,挖掘素材。有时真的感觉很累,但看到简报得到班主任和学科老师的肯定,提高了老师们对学校德育工作的知晓度,我觉得自己又做了一件很有价值的事。

这个阶段,我感悟到的福山精神是眼界决定境界,趁着年轻借用阅读、行走、行动、体验等一切手段打开自己的眼界,提升了自己的境界,收获精彩的教育世界。

三、思想决定高度

第三次转变是 2013 年 9 月,学校对外输出管理,规模扩大,发展再向前一步,我又有了一次岗位的变动,担任副校长成为一名校区管理者,从"专业选手"变成事事都管的人。原来做项目组长的时候跟着校长巡视校园,她的眼睛里都是问题,而跟在她身边的我们就真的看不出问题。担任校区管理者独当一面后,我最大的进步就是发现自己眼睛里的问题也多起来了,每天巡视校园、巡课、走进教室办公室常常会发现不少问题。我们校区的学生年龄小,每天从早到晚事事都需要关注,校长告诉我:"一个学校管理者应该发挥什么样的作用,能发挥什么样的作用,取决于这个管理者的思考能力。"校长在我的工作月报后回复:"做管理要沉得下心,耐得住寂寞和诱惑,聚焦课堂,关注教师和学生。"这很重要,校长的话语权的根基在课程课堂,威信源于服务到位。另外,思想方法也非常重要,对此我体会深刻。回顾福山 20 多年的发展,大方向、总目标始终如一,每个阶段做的是丰富内涵、改革突破,基点是发展人。事实证明,顶层设计,宏观把握,微观实践,各个击破是有效的、成功的。

在校区管理中,根据我们校区的特点,我倡导"走动式管理",行政人员勤走动,勤沟通,对老师和学生多一份了解,知道了老师们在想些什么,期望是什么,获得了第一手资料,对教师的日常行为表现就会敏感一些,一些问题在第一时间就能沟通和解决。在这个过程中,我感到老师是一个特殊群体,他们需要尊重,需要关注,更需要正确的引领,作为他们中的一分子,我感到只有沉下去,才能真正看到问题,把握住关键。

思想的深度决定管理的高度。我提醒自己埋头拉车的同时要学会仰望星空,对工作要有更长远的思考。工作之余,我参加了上海市德育实训基地和上海市"双名"工程两个班的学习。浸润于经典的书籍中,用阅读增强底气;近距离接触名师,聆听他们对教育的独到见解;走访基层学校感受实践中的教育智慧。跳出固化的思维,学会思考,既注重对日常工作过程的思考,也注重对学生教育问题背后的思考。当思考成为一种习惯时,我们往往能接近教育的本源。

立足过往,坚守初心,我们还需要创新发展,对个人、对学校而言都是如此。善于学习、勤于思考、求真务实、追求卓越的福山精神需要我们继承和发扬。未来的路还在延展,追寻有温度的教育,我们仍在路上。

04

第四篇

活 动 育 人

活动是学校重要的育人途径之一,是将学生的道德认知转化为道德行为的重要载体。在坚持学生发展为核心的基础上,如何确定活动的主题,探索活动机制,大力提升育人效果,是需要我们进一步思考的。

根据《中小学德育工作指南》阐述,活动育人的要义是:利用节庆纪念日、仪式教育活动、校园节(会)、团队活动等,开展形式多样、主题鲜明的教育活动,以鲜明正确的价值导向引导学生。根据《中小学德育工作指南》的指导思想,福山学校选准"合作"进行机制上的探索。

国际世纪教育委员会在其向联合国教科文组织提交的一份最新报告中,将学会共同生活作为未来教育的四大支柱之一。青少年能不能合理地运用合作技能与他人进行有效的合作将影响到青少年对社会的适应及自身的发展。因此,我们的研究实践注重培养学生的合作意识和能力,注重开展"世界公民"意识教育。

学校对学生的合作意识的培养需要坚持系统思考,力求从各个不同的层面系统地为学生"量身定做"合作教育的目标和要求,把握课堂主阵地,家校携手共育,增强学生的合作意识,创设校园情境,激发学生的合作意识,强化合作能力,注重过程评价,促进合作能力提升。在此基础上,以项目推进的方式把合作教育与学校的教育教学所有工作相整合,形成了有特色的合作教育培养方式,使学生在活动中践行合作、体验合作的快乐,真正实现为每一位学生的终身发展奠基的目标。

学校从 2002 年起用十几年的时间研究和实践推进"国际理解教育",将"以民族精神教育为核心的世界公民意识教育"的研究作为抓手,紧紧围绕培养具有国际视野、民族情怀的学生这一育人目标,以校本课程"国际理解教育"为引领,积极探索全球化背景下的民族精神教育的内涵。通过系列化的主题活动和理论研究,让民族精神教育落地生根。

小学阶段学生合作意识和能力的培养

时光的车轮已将我们带入了"互联网＋"的共享时代，随着全球化的发展，合作意识、共享精神成为社会对人才的需求。在现今的学校教育中，我们发现了学生身上存在以下现象：个性强，有主见，喜欢按照自己的意愿做事，不太顾及他人的感受；在课堂合作中更关注自己的角色，而不懂理解他人。国际世纪教育委员会在其向联合国教科文组织提交的一份最新报告中，将学会共同生活作为未来教育的四大支柱之一。青少年能不能合理地运用合作技能与他人进行有效的合作将影响到青少年对社会的适应及自身的发展。因此，给孩子们补上合作教育一课刻不容缓。

一、问卷分析，厘清不善合作成因

为进一步了解学生合作能力和意识现状，我们对二至五年级 12 个班级近 500 名学生进行了"小学阶段学生合作意识和能力"调查问卷。问卷主要了解以下三个方面的情况：一是了解学生学习活动中的合作情况；二是了解学生在日常校园生活中与他人合作的现状；三是了解学生家庭对学生合作能力培养的重视程度。

从调查的结果来看，学生在课堂学习中有一定的合作意识，但学生的合作不够主动。在开展小组活动时，有时会出现"冷清"的场面，许多学生只顾自己，没有发挥合作学习的优势，使合作流于形式。对于自己不感兴趣的项目不愿意和他人合作，有时不能参与集体活动，甚至扰乱课堂纪律。学生的合作行为与其自我意识和对自我、他人关系的认知密切相关，学生自我中心的认知倾向不仅妨碍其探索世界的活动，而且影响其与同伴的交往和合作。从教师的角度分析，主要问题是教师的设计和引导不恰当，或合作的话题缺乏趣味性，或小组的编排不够合理等。因此，合作小组成员编排是否合理，教学内容的设计和话题是否有趣味性是在课堂教学中培养学生的合作能力的关键因素。

调查的第二个方面考查学生"在日常校园生活中与他人合作"的现状，调查发现，学生不理解校园活动中的"合作"，多数学生表示没有参与过校园活动中的合作活动，将合作活动仅仅描述为体育游戏类活动。我们发现，整个学校教育层面对学生"合作素养"的培养明显少于在学科领域的引导。最常见的是学校活动中创设和搭建给学生"合作"的机会明显少于课堂合作活动。合作意识需要通过某种活动，通过人与人的交往过程，通过共同完成任务以及成果的分享和责任的共同承担的关系去培养，在这方面学校教育活动明显不足。

家庭中合作意识的培养情况是最不容乐观的。调查发现,孩子们在家中的合作意识淡薄,一是因为独生子女在家庭中处于优先和中心地位,二是较之以往当下父母对孩子个性的培养更加重视,孩子的自我意识明显增强,三是现今家庭中父母或者老人包办了很多事情,他们对孩子的要求是只要读好书,其他的什么都不用管,这样的想法和观念使得孩子成了"两面派",即在校也许非常愿意和小伙伴一起合作完成任务,而在家则什么也不愿意参与。而这样的家庭环境也很难让孩子从他人的角度考虑问题,使孩子不易形成乐于合作的良好习性。甚至因为受到家庭、社会等环境的影响,一些孩子们的性格发展有不良倾向,例如孤僻,自卑、冷漠等。

二、系统思考、整体架构小学阶段合作教育框架

学生合作意识和能力的培养是一个系统工程,需要全社会参与,但学校教育应该发挥积极作用,它居于家庭教育和社会教育中的关键环节。学校对学生合作意识的培养需要秉持系统思考、顶层架构、大处着眼、小处着手、功在渗透的原则,通过润物细无声、慢磨细琢、潜移默化的影响,于无声处促成长。我们在研究过程中确立了学生合作教育的分层目标,并以项目推进的方式把合作教育与学校的教育教学相关工作进行整合,形成了有特色的合作教育培养方式。

(一)小学阶段分段合作教育目标和要求

表4-1　小学阶段分段合作教育的目标和要求

	低年级	中年级	高年级
与他人合作	能在合作活动中相互谦让 能在合作活动中表达自己的建议	能在合作活动中听取他人的建议 能在活动中发挥自己的长处	与他人合作活动中乐于甘当各种角色 能真心祝愿他人进步,分享快乐
与社会合作	能和父母一起参加社区服务活动 能遵守社区规则	和伙伴一起参与社区活动 每学期能参与1～2次社区服务活动	能以小公民的身份主动参与社区宣传、服务活动 能制止一些不文明的行为
与自然合作	爱护绿化,善待小动物 和大自然交朋友 知道一些环保知识	参与学校环保活动,在日常生活中体现环保意识 能设计一些环保类的活动方案	做有心人,留意生活中不环保的事,能主动提出合理的建议 开展一些保护自然环境的小调查小研究

(二)项目运作,整体推进合作教育

如何梳理出清晰的实施脉络,一而统之,统而贯之,全面地推进与落实,是学校需要思考的关键问题。福山外国语小学以养成教育为基础,以"合作"教育为重点,优化德育的单元课程设计,以丰富的单元主题教育活动为载体,将合作教育目标融于日常教育过程,强化学生实践体验,提高教育过程的吸引力、感染力,积极发挥家庭、学校、

社会三位一体的德育教育合力,促进学生健康、快乐成长。

1. 合作教育与行规教育相结合,提升行为能力

强化常规落实,有效利用校班会、午会课、十分钟队会等德育教育阵地,开展《小学生一日常规》《礼仪教育读本》的学习,帮助学生明确合作教育要求,充分利用《明德行礼、合作共进学生活动手册》,对学生开展合作教育,做到每月有具体要求,单元主题活动要求明确,评价反馈交流到位。

2. 合作教育与班级文化建设相结合,提升团队凝聚力

(1)重视中队文化建设。各班根据自身的条件和特点,在师生共同讨论的基础上,形成独特的中队名称、目标、口号、标志、吉祥物等,并赋予其内涵,鼓励队员们积极向上、努力进取。

(2)利用小组合作的形式,开展学生的日常教育,使学生在日常行为中学会取长补短,互相促进,共同提高,形成一种自我教育、互相学习、共同进步的关系。

(3)根据各自特点,形成合作小组。学会发现他人的优点,赞扬同伴;包容他人的缺点,善意指出。

(4)明确职责分工,互相帮助提高。认真履行职责,完成分配任务;帮助同伴,提高合作效益。

(5)及时处理矛盾,学会交流融合。学会善于倾听,不打断他人讲话;善于表达,交流自己的想法;相互学习,优势互补。

(6)开展交流评价,共享合作成果。以合作小组为单位,开展班级、校区评价,每月评选优秀合作小组,进行风采展示;在合作小组内开展自评和互评,给予他人一句话的赞美或建议。

3. 以单元主题课程增强体验,提升合作能力

以"合作"教育为重点,将一学期活动设计成5个单元主题活动——第一单元:携手你我他开学周;第二单元:唱响好声音,合作亮风采;第三单元:领巾伴成长,合作筑梦想;第四单元:学生小舞台,合作展自信;第五单元:乐学勤思考,合作善实践。注重学生在活动中的体验和感悟,激发学生自主参与的欲望,使学生主动愉快地投入,让德育实践活动成为学生合作发展的动力。

三、把握课堂主阵地,增强学生的合作意识

课堂始终是学生教育学习的主阵地,在课堂上,老师努力为学生营造一个"宽松、民主、探索、合作"的学习氛围,对培养学生的合作意识和能力能起到很好的作用。

小组合作共同探讨问题是学生最爱参与的教学活动,也是学生们喜欢的解决问题的方式。摒弃"正襟危坐,侧耳倾听",将学生的座位有意识地以"互补互助、协调和谐"的原则进行编排。开展合作学习前,教师先让学生独立思考。学生们经过思考后再充分讨论,常常会相互启发而恍然大悟,找到了新的答案或新的假设,更会激起学习的热情。在小组合作过程中,协助每一个学生确立在组内的明确分工和任务是提高合作学

习效率的关键。另外,教师能根据课堂的需要随时转换角色,充当"管理者""咨询者""顾问""活动参与者"等多种角色,"师生互动,生生互动"能更好推动学生合作学习。

合作学习是一种有效的教学模式,学生在团体激励的氛围中确立新的学习动机,乐于与他人合作,极大提高了学生的学习兴趣和学习效率,调动学生参与课堂教学活动的积极性,从而获得强大的学习推动力,使各个层面的学生都能感受到成功与进步的快乐,最终培养了学生的互助精神和协作能力,实现了最大限度的个性发展。

四、创设校园情境,激发学生的合作意识

学校是学生在社会生活中归属的第一个集体,为了让学生在学校活动中学会如何与人进行合作,我们尝试以活动为载体,创设不同情境,让学生在活动中认识合作能力及其意义,对培养学生的合作能力能起到事半功倍的作用。

利用游戏情境,激发学生合作意识。做游戏是学生喜闻乐见的活动之一,他们的合作意识的萌动,往往就是从一个游戏开始的,因此,我们抓住了学生的这个心理特点,在新学期的开学典礼上,全体同学共同参与了一个合作游戏——"坐地起立",先由两个小伙伴一起相互倚靠,手不碰地站起来;再到三个小伙伴,四个,五个……当孩子们获得成功的那一刻,他们都激动得跳起来,为自己欢呼!这种活动经历让学生真实地感受到什么是合作,并且体验到了合作所带来的快乐和成就感。

小学生喜欢竞争的集体活动并追求活动结果。冬锻节团队体育比赛是提升合作能力的良好契机。比赛中,学生在一次次的失败和成功中,体会领悟到大家必须有团结协作、互相合作的群体意识才能获胜。这种合作的滋味会滋养每一个参与者,使他们感受到团队合作的巨大能量和无穷魅力。

学生合作能力的培养是个长期的过程,教师要给学生搭建合作的平台,充分发挥每个个体的潜能,使他们学会合作、乐意合作、善于合作,做合作中的小主人。将合作能力的培养渗透在每一个集体活动中,通过学生自身的体验和教师情感的感染,会让学生有更多的感知,获得积极、深刻的情感体验。例如在十月歌会、小舞台展演活动中,在节目策划和排练阶段,班内学生分工合作,相互取长补短,共同努力,当节目获得认可和成功时,这种合作带来的快乐会积聚能量,推动着学生继续尝试如何去合作,如何取得更大的成功。

五、家校携手共育,强化合作能力

培养小学生的合作意识和能力,不能把校园生活当作唯一的途径,只有家校合力才能真正培养孩子的合作意识和能力。为改变家庭中学生合作意识不强的现状,学校在设计学生活动时,特别加强了父母和孩子互动类的活动,帮助形成良好的家庭合作氛围。例如,"三八妇女节"活动,学校设计了请父亲和孩子一起为母亲送一份礼物的活动,并且鼓励孩子不去商店购买,而是自己动手做。得到这个任务后,学生们很快与父亲商量,从父亲那里得知母亲最喜欢的是什么,和爸爸一起动手为妈妈准备礼物,做

一次家务劳动,做一次服务,做一份手工作品……孩子通过与父亲的合作,锻炼了自己的动手能力,同时感受到家庭的幸福。又如,生命教育周中,学校设计让学生做一份自制图书,鼓励学生向家人咨询,了解自己从出生到现在的成长过程,然后与家人合作动手做自制图书。这份作品来之不易,需要寻找照片、设计图形、选择背景等,家里的外公外婆爷爷奶奶一起来合作完成。在合作的过程中,听家人说着自己小时候的故事,学生们开怀大笑,也更懂得生命的珍贵。再比如,假期中,学校还设计"寻找老上海的足迹"活动,请学生和家长一起设计行走路线,全家人根据学生自己设计的地图路线一起出游,感受老上海的风情,在这样的亲子活动中,家长和学生一起体会到合作的意义。

发挥家校教育合力,开展"合作活动在家庭"系列教育活动,调动家长参与学校活动的积极性,学校在活动的设计和组织过程中,全面考虑家长的参与度,充分利用家委会参与学校活动的热情,指导他们在参与活动服务学生的过程中转变观念,形成科学的育儿观念和方法,形成家校共育的局面。

六、注重过程评价,促进合作能力提升

评价是合作学习不可缺少的一环。失去了评价的良性制约,合作学习便难以有效落实。学校将丰富的单元主题活动和多元化的评价方式相结合,促进学生合作能力的提升。

学校的主题活动安排如下:九月,学生建立合作小组,利用小组形式完成开学合作小游戏、承包教室布置任务、认领劳动小岗位、合作排练教师节节目等活动,激发学生合作意识;十月,学校举行"福娃童心飞扬,携手唱响未来"庆国庆歌咏会,学生在合作学习、排练、展示中,感受团队力量的强大,提升班集体凝聚力;十一月,学校通过举行少代会和福山冬锻节,促进福山少先队集体建设,学生在活动和运动中增强了合作意识;十二月,学生以小组合作的方式参加"学生小舞台"演出,发挥集体的智慧,团结的力量。

在开展活动的同时,加强交流评价反馈,每周引导学生利用校班会、午会课、十分钟队会等德育阵地,以合作小组为单位,开展自评、同伴互评、班级评价、校区评价,做到交流反馈及时到位,并充分利用学校自编的《明德行礼、合作共进学生活动手册》,对学生开展合作教育,做到每月有具体行规要求和单元主题活动要求,每月评选优秀合作小组,进行风采展示,共享合作成果。

我们力求构建小学阶段学生合作意识和能力培养的框架,从各个不同的层面系统地为学生"量身定做"合作教育的目标和要求,并且运用有效方法和途径培养学生合作意识和合作能力,使学生在活动中践行合作、体验合作的快乐,真正实现为每一位学生的终身发展奠基的目标。

小学开展"两纲"教育课外活动的经验和实践反思

课外活动是弘扬和培育民族精神的重要途径,它包括校园文化建设和课外实践活动两大领域。加强课外活动建设是学生民族精神教育的有效抓手和载体,也是学生体验和践行民族精神的良好渠道。

一、充分利用校园文化建设的载体,营造"两纲"教育的良好氛围

(一)重视开展节庆教育

利用国家重要的节庆纪念日,引导学生树立强烈的国家意识;通过孙中山、毛泽东、邓小平等伟大人物的重要纪念日和"学雷锋"等活动,对学生进行道德素养和人格教育;利用清明、端午、中秋、重阳等中华民族传统节日,引导学生了解中华民族的民俗风情和传统美德;利用"七七事变""九一八事变"等纪念日,对学生进行爱国主义教育,使学生居安思危。

(二)积极开展仪式教育

利用开学典礼、毕业典礼、升旗仪式等开展教育活动。学校坚持每天升降国旗制度,并在一些重要节日、纪念日、大型集体活动中举行庄严、隆重的升旗仪式。通过规范敬礼、唱国歌、在国旗下宣誓等仪式的程序,使爱国主义教育浸润小学生胸间。

(三)营造和谐的人文环境

引导学生处理好人与人、人与社会、人与自然、现代与传统间的关系,懂得和谐相处。通过开展主题教育活动,引导学生尊重老师、友爱同学,形成和谐的师生关系、生生关系;懂得体谅父母,孝敬长辈;引导学生了解个人与社会的共存关系,增强回报社会、服务社会的责任感;引导学生了解环境保护的重要性,增强学生对生命的珍爱,进而将环保教育与科学发展观教育结合起来。

(四)建设学生社团

根据学生的身心特点和发展需求,通过文学类、艺术类、科技类、体育类等兴趣小组和学生社团,开展具有民族精神特色的活动,增强学生对民族精神和生命尊重的体验和感受,促进学生更加自觉地践行民族精神对自身的要求,更加懂得生命的价值。

二、注重课外实践活动,丰富"两纲"教育内涵

课外实践活动是学校开展"两纲"教育的重要环节。让活动回归教育的本源,创建

扩大视野、增长知识、发展个性、开发潜能的实践舞台，引导学生有针对性地践履"两纲"教育的丰富内涵。

（一）开展春秋游实践

将春秋游实践活动与"两纲"有机整合。注重活动的体验过程和多元评价，力求体现"四性"，即活动内容的针对性、组织活动的序列性、活动形式的多样性以及活动结果的有效性。活动结束后，学校会组织学生进行"头脑风暴"，征询学生最感兴趣、最想解决的问题，并把学生的问题进行归类，然后根据不同的问题，指导学生通过网络、书籍、现场考察等途径搜集资料，并利用探究课进行交流。

（二）扩大各类社区活动

以学生"寒暑假活动""雏鹰假日小队活动"为载体，引导学生在家庭、社区参与各种社会公益劳动。学校利用寒假中的新春佳节开展闹元宵活动。利用暑期中的党的生日开展建军节系列活动，带领学生置身于社会大环境之中，参与社会实践，体验社会生活，构建了"互助联动，双向服务，共同发展"的运行机制，并通过家长、居委会的评定促进"两纲"教育向校外延伸，形成学校、社会、家庭齐抓共管的局面。

（三）善于利用爱国主义基地

学校开发和挖掘爱国主义教育基地的教育功能和作用，设定各年级不同的教育内容，培养和熏陶学生对"爱国主义"内涵的感悟，根据学生不同的年龄特点进行相应的教育。把爱国主义教育的目标定位在"正确处理人与人、人与社会的关系，陶冶情操，形成健全的人格和良好的思想品德为主要任务"，提升学生综合素养。

（四）不断开掘家长资源

让"两纲"教育与课外活动紧密结合，家长资源非常重要。在多年的实践中我们总结出三条经验：其一，家长资源丰富多彩，什么样的活动找什么样的家长，一定要找准家长的特点与优势，不能"胡子眉毛一把抓"。其二，要找准家长资源融入时的角色定位和融入类型。其三，在开展某项活动时，家长与学校教师之间要相互交流，突出活动的教育性。只有这样，家长资源才能有效融入，使活动有目的、有计划地实施。

三、架构小学"两纲"教育课外活动体系的一些思考

（一）要站在学生的立场思考课外活动的安排

站在学生的立场思考课外活动的开设，要关注三个方面：其一，需要有教育内涵。不能仅满足于让学生身心放松，不能仅满足于校园生活的热热闹闹，更应该有别于家庭的消遣式活动。其二，要纳入学校教育的整体，不能是点状式的，或是成为其他学习活动的累赘和干扰因素，让学生有忙不过来的感觉。其三，要重视学生的教育主体作用，把学生的参与、体验和感悟作为活动的直接目的，而不能仅满足于让学生完成教师布置的各项任务。

（二）在活动中始终关注学生的生理和心理特点

小学生往往是从行动的结果及与自身的利害关系来判断是非的，以惩罚与服从为

定向,以行为的功用和相互满足需要为准则。在小学阶段,所有的课外活动本质上是道德情感教育。对小学生的情感教育,主要是培育与熏陶依恋感、安全感、归属感和自尊感。自尊与自信是每个人道德成长的起点,关爱和彼此感受到爱,是人的德性形成的条件。以往的道德教育之所以收效甚微,很大一部分原因是我们搞的一些活动,超越了学生在所处年龄阶段可接受的程度。可以说,小学道德教育的基本点,不是培养完整的道德品质,而是培养学生形成与道德相关的基础性心理特征和行为习惯。这些心理特征与行为习惯尽管不是道德本身,但却是道德的种子。这颗种子是学生日后形成完整道德品质的基础。

(三)要赋予活动丰富的教育内涵

这包含三个方面:其一,让活动回归教育性的本源。一切活动都要考虑其教育性。它应是学生扩大视野、增长知识、发展个性、开发潜能的实践舞台。每一项活动都要立足学生的成长需求,关注他们的个性发展,让他们找到绽放自由的一方天地。其二,让学生成为不可或缺的教育环节。课外活动不同于课堂教学,课外活动应在"动"字上下功夫,让小学生的好奇心、求知欲得到充分施展,让课外活动成为儿童丰富多彩的生活中不可或缺的实践与体验。其三,重视活动中生成的教育资源。以往我们片面追求活动中的"热闹",忽略活动之后的生长点在哪儿,活动的后续效应是什么。因此,如何及时、有效地捕捉活动过程中生成的教育资源,使其不断"发酵",形成活动之间的环环相扣关系,应是在设计活动时就予以关注的。

课外活动具有很高的自主性、很大的灵活性、很强的实践性,我们需要根据学生的兴趣、爱好、特长以及实际发展需要出发,整体架构"两纲"教育在学生课外活动中框架,做好课外活动的计划、组织实施、管理、保障、评价等工作。当我们把实践活动与学生的生命成长的需求相统一,为学生的成长与发展注入新内涵时,我们的思维必将更加活跃,创造性必将不断迸发,课外活动也一定会焕发新的生命力。

开展主题活动，让民族精神教育落地生根

民族精神是支撑一个民族生存的基石，是一个国家、一个民族兴旺发达的精神支柱。福山外国语小学从2002年起用十几年的时间研究和实践推进国际理解教育，以"民族精神教育为核心的世界公民意识教育"的研究为抓手，紧紧围绕培养具有"国际视野，民族情怀"的学生这一育人目标，以校本课程"国际理解教育"为引领，积极探索全球化背景下的民族精神教育的内涵。通过系列化的主题活动和理论研究，让民族精神教育落地生根。

一、课堂教学活动中实施民族精神教育

课堂教学是进行民族精神教育最有效、最基本的途径。福山的课堂教学非常注重民族精神的渗透。我们的校本教材就根据具体的教学内容很好地渗透了民族精神教育。例如，二三年级教材在介绍具体的国家时，除了着重介绍该国的文化传统、风土人情外，还特别介绍了中国与他们的关系、建交时间、友好城市等。在介绍亚洲国家时，还介绍了我国儒家思想、佛教、文字等对其他国家的影响。学生在学习的过程中增长了知识，更增强了民族自尊心、自信心和自豪感。又如，高年级国际理解教材引导学生关注人类共同的问题，涉及反恐怖主义、网络道德、反毒品、世界和平、环保等问题，也突出了中国在对待这些问题上的积极做法，例如中国维和部队多次受到联合国表彰的事迹，中国参与的国际救援行动等。这些内容都增强了学生的民族自豪感和责任感。

教师在民族精神教育中也发挥了很好的主导作用。学校通过各种教育途径和活动开展国际理解教育，使之渗透于各学科之中。不少教师根据教学内容，在教学中补充了大量的涉及民族责任感的内容，把对祖国的爱、对异国文化的了解、学会宽容、学会求同存异的理念传递给学生。老师们都根据自己学科的实际情况，有机结合教育脉络，在自己的课堂上很好地进行了学科渗透，使民族精神教育更丰满、更具体、更深邃。

在教育方式上还积极强调体验学习，克服单纯知识教育的倾向，充分发挥"综合学习时间"的作用。例如，音乐课上"唱响民族主旋律"，让学生充分领略五四运动以来的经典民族音乐，激发学生爱国之情、民族之志；体育与健身课上，除了培养学生坚定的意志品质、吃苦耐劳的作风、团结协作的精神外，还让学生了解奥运会的历史，以及"乒乓外交——以小球推动地球的故事"、中国第一枚奥运金牌以来的辉煌历程，让学生在激昂与兴奋中展望强大的中国；美术课堂上，把对美的鉴赏和创造更是发挥得淋漓尽

致,从敦煌壁画到大英博物馆世界精品鉴赏,从摩崖石刻到古巴比伦王国的《汉穆拉比法典》对照,学生的精神世界一次次得到熏陶和升华,感受到中华民族的悠久历史和中国民间艺术的瑰丽多彩,激发了学生的民族自尊心和自信心;自然学科老师在教学"药物与健康"这一课时,把华佗的"麻沸散"、张仲景的《伤寒杂病论》和李时珍的《本草纲目》等内容渗透进去,让学生了解中医一根银针、一把草药治病救人的诊疗特征。语文学科中常常涉及一些民族英雄人物,数学课会涉及我国古代的数学和著名数学家,通过对这些内容的了解,使学生充分认识到中国人的聪明才智,激发学生以做中国人为自豪的情感,激励了他们努力学好知识、报效祖国的决心。

二、专题教育活动中提升民族精神教育

学校每学期有计划地开展"心系祖国,放眼世界"系列国际理解教育主题活动,在一系列的"知国情、学国史、看国貌、爱国粹"的具体活动中了解博大精深的中华民族文化,激发学生热爱自己的民族,热爱自己民族赖以生存的土地,尊重本民族的宝贵传统和共同语言,珍视本民族的光荣历史和对人类所作的贡献,既为自己国家、民族的繁荣昌盛无限喜悦,又为国家、民族面临的困难和存在的问题满怀忧虑。把学生的民族教育从简单的"知""学"逐渐引申到自身行为的"觉"和"行"。在这一过程中,我们以引导为辅,发挥学生的主观能动性,通过参与活动,让学生"感知""感受""感动"。通过体验感悟,"春风化雨""润物无声",实现最佳教育效果。

(一)以节日为契机,加强中西文化比较,弘扬民族文化

随着时代的发展,我国对外交往日益频繁,西方文化包括节日文化不断进入中国,改变着当代中国人尤其是年轻人的观念和行为方式。西方的圣诞节、万圣节等节日越来越受到我国年轻人的青睐,而中国的传统节日却受到了一定程度的冷落。为此,我校在国际理解教育主题活动中,注重引导学生正确面对节日文化的冲击,在了解西方节日的基础上,抓住我国的每一个传统节日,弘扬中华民族悠久的、优秀的节日文化传统。

在"民族节日我知晓"主题教育活动中,每逢一个民族节日,要求学生主动去了解、搜集相关资料,并把经过处理的信息汇编成班级小报,制作成班级网页、做成课件在班级中、年级中交流。在交流中让学生知道春节是中华民族传统的喜庆团圆节日,人们辛勤忙碌了一年,在新的一年开始的时候,走亲访友,互致祝福,回顾过去,展望来年,老老少少,团团圆圆,全家幸福,和谐美满,是多么愉快的节日。清明节,我们可以踏青、扫墓,缅怀革命先烈,寄托对已逝亲人的哀思;端午节,我们可以划龙舟、吃粽子,纪念伟大爱国诗人屈原。中秋节是继春节之后的又一个举家团圆的节日,我们可以再一次全家团圆在花前月下,赏菊花,吃月饼,品美酒,话别离,孝敬长辈,关爱晚辈,其乐融融,喜不自胜!学生们通过体悟这些节日文化感悟中华民族尊老爱幼、勤劳善良、勇敢智慧等传统美德和古朴纯正、博大精深的民俗文化,懂得了"传统的就是民族的,民族的才是世界的"。

为帮助学生形成正确的节日观,我们还引导学生将他们知道的中西方节日进行联系比较,例如将圣诞节和春节、万圣节和清明节等进行比较,学生们了解到一个民族有一个民族的节日,一个民族有一个民族的情怀。因此在"洋节"与"土节"之间,应该把握适宜的尺度,既不崇洋媚外,也不故步自封,而是在适当吸收西方节日文化精华的同时,更好地弘扬中华民族的节日文化。

(二)以学科教育为源泉,培养学生对民族文化的认同感和自豪感

国际理解教育旨在培养学生在和不同民族、不同文化的交往中能相互理解,尊重彼此之间的差异。而生活在多元文化的"地球村"中的学生对其他文化和民族的认识必须立足于对本民族的历史与文化的充分认识和了解上。因此,培养学生对本民族、本国家的认同感和归属感既是弘扬民族文化的关键,也是国际理解教育的根本要求。我校充分利用各学科的学习资源,组织丰富的学生主题活动,让学生在互动体验中产生民族文化认同感和自豪感。

"竖起我心中的丰碑"中华诗词吟诵活动是通过古诗词的吟诵,体会中华文明的魅力,让学生对祖国丰富的优秀传统文化感到骄傲。学生们通过翻阅资料、上网查询、课内导读等形式来搜集中华诗词、熟读中华诗词、了解中华诗词。在这个过程中,许多学生还进行了"深挖",了解了诗词作者的时代背景、书写缘由,这对学生自我提高、知识延展、视野拓宽起到了积极的作用。从"日照香炉升紫烟,遥看瀑布挂前川"的优美,到"黄沙百战穿金甲,不破楼兰终不还"的磅礴;从"荷风送香气,竹露滴清响"的清逸,到"雕栏玉砌应犹在,只是朱颜改"的无奈,都在他们的搜罗范围之内。

"我是小蔡伦"学造纸活动是德育组和科常组老师共同的点子。自然课上的生动演示、悠久历史的熏陶极大地激发了孩子们要一试身手的热情。同学们以小组为单位收集废纸进行加工,制作成了再生纸,并且在纸上创作一幅画,写一首诗。那份喜悦和成功的感受无以言表。活动不仅培养了学生的环保意识和勤俭节约的思想,让学生懂得尊重自然,尊重我国古代人民的智慧结晶,也使他们对现代造纸技术有了一定的了解,对科学有了一份崇尚。

"弘扬民族精神在美术课堂中的渗透教学"展示活动,在校园里展出了同学们收集、制作的中国传统民间艺术美术作品。同学们通过前期的查找资料,到亲手制作、相互合作学习,在实践的过程中掌握种种民间艺术的技能,理解其蕴含着的传统文化,对中国的民族文化艺术有了更深的感悟。同学们把学习过程中的点滴收获进行了精心的描绘、刻画、整理,诞生了一幅幅具有民族特色的展板。展板上展出了造型各异的剪纸、精美的农民画、古朴的蓝印花布……作品折射出孩子们对民族艺术的喜爱和热衷,也为校园增添了一份浓浓的民族气息。

三、社区实践活动中传播民族精神

弘扬民族精神教育,倡导学生养成关心社会、关爱他人、关注社会的素养,也要求学生通过丰富多彩的社会实践活动,体验、感悟、认同民族精神。我们感到,民族精神

教育更应注重知行统一,鼓励和引导学生在社会生活实际中身体力行,弘扬民族精神。

在"英雄激励我成长"主题活动中,学生们重温雷锋精神,雷锋精神继承了中华民族传统美德的精华,并赋予其深刻的时代内涵,充分体现了当代共产党人的崇高追求和高尚境界,丰富和升华了民族精神。而学雷锋精神的活动,只有和家庭、社区结合起来,才能焕发出新的光彩,让学生进一步感受到雷锋精神的伟大。

福山外国语小学四3中队虫虫小队的队员们在老师的带领下,参加了由洋泾街道组织的一次学雷锋为民服务活动。孩子们在洋泾社区文化广场上当了一回社区小使者,向过往的路人宣传礼仪方面的知识。起初,他们有些紧张,生怕遭到路人的拒绝。渐渐的,路人们热情的回应给了他们十足的信心和勇气。他们用自己真诚的微笑、认真的态度、诚恳的言语赢得了路人们的一致好评。参加慰问孤老活动的近百位同学带着早已准备好的小礼物,分别来到了街道敬老院,开展慰问服务活动。同学们精心准备了许多小节目,让平素里难得开怀的老人们着实兴奋了一番。礼物都是同学们用平时积攒下来的零用钱购得,一束鲜花、一把小梳子、一只"不求人"、一块小汗巾、一盒巧克力,流露的都是浓浓的敬老情,体现的都是暖暖的关爱心。在学校社区联动中,学生们感受到无私奉献的雷锋精神,并在雷锋精神的指引下回馈社会。

实施民族精神教育是实现中华民族伟大复兴的必然要求,也是学校育人的崇高使命。丰富的学生活动使我们帮助学生主动体验,并站在更高更宽广的角度去思考和理解民族精神教育,植根于民族文化,培养学生的民族认同感和民族自豪感。

05

第 五 篇
实 践 育 人

学生文化基础知识扎实而创新实践能力偏弱，是长期以来困扰我国中小学教育的一大问题。学校教育如何补齐"实践育人"的短板，从而真正落实素质教育？

根据《中小学德育工作指南》的阐述，实践育人的要义是：通过开展各类主题实践、劳动实践、研学旅行、志愿服务等，增强学生的社会责任感、创新精神和实践能力。

福山集团学校的研学实践，有了一些经验。研学实践，作为国家新的教育制度设计和新的育人方式，不仅是对现有教育制度的改良和对现有课程的补充与完善，更催生构建出一种新的教育生态。福山集团学校本着课程情境化、活动探究化、过程体验化、知识生成化，开发研学实践课程，注重"五个相融"，即与学校育人理念相融、与学校特色项目相融、与学科相融、与学校活动相融、与家庭教育活动相融。

在研学实践课程开发中要注意把握三大环节。第一是项目引领，问题探究。把教学内容与学生在实践中碰到的问题或挑战整合起来，让学生成为学习的主角，激发学生参与活动的热情，在实践中加深对知识的理解，提升探究能力。第二是任务驱动，自主学习。让学生在任务单的引领下，独立思考、合作探究、主动实践。通过自主搜集任务信息，构建对问题的深度认识和深层理解，真正做到行知合一。第三是成果展示，总结交流。通过"每日分享会"交流组内和组间发现的问题和解决办法；通过"课程作品展示"总结学习收获和感受。在研学归来后，通过"成果汇报"，展示学习心得，从而提升学生的协作交流、创新思维和实践能力。

为了以评促建，催生内驱力，我们还开展了"小学德育工作评估的实践探索"，在更大范围内，更深刻地影响学生的实践成长。

党建引领，让社会主义核心价值观扎根校园

习近平总书记在 2018 年的全国教育工作会议中提出的"培养什么人、怎样培养人、为谁培养人"这一根本问题成为教育工作者努力思考和积极践行的目标。福山花园外国语小学作为一所在福山学校 30 年基础上发展起来的新建制学校，既年轻又有历史，拥有独特的发展基础，当面对新问题、新特点时，学校党支部积极研究和实践，坚定不移地把立德树人作为教育的根本任务，把培育和践行社会主义核心价值观作为教育事业改革发展的基础工程，教育引导青少年学生扣好人生的第一粒扣子，突显育人过程的教育性，擦亮学校育人工作的特色，在学校提升内涵发展中进行了积极、有效的探索。

一、党建引领，社会主义核心价值观新践行

学校党建工作围绕"立德树人"根本任务，大力培育和践行社会主义核心价值观，切实推动未成年人思想道德建设工作取得新进展，巩固党支部政治核心地位。

（一）重在统一思想，围绕"一个"根本任务

"立德树人"必须以提高学校管理团队的思想认识为前提，将这一根本任务的落实由软变硬、由虚变实。学校党支部倡导领导班子站在关乎全校、持续发展未来发展的战略高度，用"创业"的态度和长远的眼光把立德树人根本任务落实到学校工作的每一个方面。为此，学校党建注重转变观念，统一思想认识。支部开展多层面干部学习，鼓励学校管理团队走在前面、深学一层，带头参加学习讨论，带头谈体会，帮助管理者提升思想高度。通过校务会、行政会、教学工作联席会等多种形式对学校育人工作进行规划性讨论，在"以德树人"需贯穿学校工作的全部上形成共识，在"全方位、全员、全程"育人上统一认识。明确了"立德树人"必须坚持德育为先，必须着眼促进学生全面发展。同时，育人工作不是学校德育部门单打独斗，而是学校要有鲜明的育人目标，完善学校育人管理机制，形成学校育人特色，促进学校全面可持续的发展。

（二）重在制度建设，发挥两个积极作用

发挥制度引领作用，不断健全和完善学校德育工作的各种制度和措施，是有效规范学校德育工作管理的重要保证。学校党支部牵头，联合学生发展部、教师发展部，梳理老"福山"原有德育管理制度，制定了《福山花园外国语小学德育管理制度》，党支部开展制度大讨论，由上至下讲解制度，由下至上讨论改进制度，既确保了各层面教师知

晓"立德树人"具体任务和规范要求,又以制度保证德育任务的落实到位。结合党风廉政建设"一岗双责"的要求,我校确立校党支部书记是学校德育工作的第一责任人,也是落实社会主义核心价值观教育和思想政治工作的第一责任人,直接指导德育分管领导开展学校德育工作。充分发挥党支部战斗堡垒作用,确保了党在学校育人工作中的核心地位。

二、党建引领,社会主义核心价值观教育新探索

社会主义核心价值观是当代中国精神的集中体现,凝结着全体中国人民共同的价值追求。要以培养担当民族复兴大任的时代新人为着眼点,强化教育引导、实践养成、制度保障,发挥社会主义核心价值观对国民教育、精神文明创建、精神文化产品创作生产传播的引领作用,把社会主义核心价值观融入社会发展各方面,转化为人们的情感认同和行为习惯。2018年,我校面临新学校四年发展规划的制定,党支部在参与四年规划讨论和制定过程中牢牢抓住社会主义核心价值观教育这根主线,对学生发展工作进行指导,重新规划学校育人目标,在培养特色上下功夫,在内涵提升上下功夫,多途径让社会主义核心价值观通过学校育人目标的培养生根做实。

作为一所外国语小学,我们把培养具有国际视野和民族精神的福山少年作为育人目标,并通过"四气、八字"的"福山花园形象少年教育"工程进行落实。"四气"是指正气、大气、雅气、灵气的精神特质,"八字"是尊重、负责、诚信、合作的道德品质。学校以社会主义核心价值观与福山形象少年的教育紧密结合为落脚点,积极探索以社会主义核心价值观涵养儿童精神,多途径让社会主义核心价值观教育落实到位。

(一)与行为规范训练相结合

社会主义核心价值观中的"爱国、敬业、诚信、友善"等要求与学生的行规教育有很多相通点,两者的结合能解决空洞说教的教育弊端。党支部指导德育部门将社会主义核心价值观的要点和形象少年的行为要求相结合,制定了《福山形象少年德目要求》,将育人目标细化为行为规范教育的具体内容,从小事做起,从一点一滴开始,每学期有步骤地落实,使之成为学生的行为准则。例如:"尊重教育"德目要求"尊重他人,不影响他人的活动,尊重他人的劳动成果",我们把它细化为"课间不大声喧哗、不奔跑,不影响他人休息"的具体行为。这些具体化的要求能够帮助学生理解社会主义核心价值观的具体含义,使其成为学生自觉的行为,形成良好福山花园少年形象。

(二)与家庭教育相结合

让社会主义核心价值观教育落地,家庭是很重要的场所,家长是学校重要的教育合作伙伴。学校党支部向家长发出倡议——不放弃自己的进步,做孩子习惯养成的榜样。在家庭中、社会上帮助孩子落实"尊重、诚信、负责、合作"的形象少年要求,学校还请家长参与日常评定,监督孩子切实做到学校的要求。每次的家长会上,一部分有成功体验的家长都会与全体家长交流心得,家长的大力支持和配合使"福山花园形象少年"教育进一步落到实处。

（三）与学科教育相结合

社会主义核心价值观教育讲究"润物细无声"。我们在落实育人目标时充分发挥学科育人作用,寓德育于学科教育之中。在语文教学中,选取有代表性的课文,以鲜明的形象和生动的语言,诠释育人目标"四气、八字"的含义。在体育与健身课上,教师们不仅仅在课堂上教会学生掌握一些运动的技能技巧,更善于抓住一切时机培养学生勇敢顽强、不怕困难的作风。每年的冬锻节、小型体育竞赛等都是学生们合作意识、责任感的最佳体现。美术教学中,我们同样把握时代教育脉搏,认真挖掘并利用美术学科内容中所蕴含的德育因素,通过"我爱我家"绘画作品,恰到好处地对学生进行引导和教育。同样,在自然常识课上,我们以"自然笔记"为载体,帮助学生形成热爱自然、尊重自然、和谐共存的道理。学科育人使学生对形象少年的要求有了进一层的感悟。

（四）与主题活动相结合

在活动中丰富社会主义核心价值观教育的内涵,借助"福山花园形象少年"主题教育活动,让学生在实践活动中,获得个人的体验,加深学生们对社会主义核心价值观的理解。"爱我学校"主题活动通过"我是学校小主人,我为学校尽责任"制定护校公约,激发学生主动用自己的行为维护新的校貌,对学校负责;少代会上,党支部引导队员们发扬主人翁精神,充分发挥参政议政的意识,通过推选代表、征集提交提案等活动,让队员们为学校的建设和发展出谋划策。这样的活动给学生、老师和家长都带来了真切的体验,也让社会主义核心价值观教育变得可触摸、可感悟。

（五）与学生评价相结合

积极有效的评价能促进育人目标的落实。通过每周升旗仪式上的诚信宣誓承诺、校红领巾台"诚信——大家谈"栏目、"我的承诺"主题中队会等活动,让学生们联系生活实际,从小处、小事着手,作出承诺。学校制定《形象少年评选细则》,细则将形象少年按等级分为一星级、二星级、三星级和四星级形象少年。给不同基础的学生以不同的台阶,给更多的孩子成功的机会,帮助每一位学生向更高的形象目标努力。"福山形象少年"的评选,通过自我、他人、师长的评价,使学生主动体会到福山少年应该具备良好的行为规范、行为能力、道德水平和健康完善的人格,也让社会主义核心价值观内化于心、外化于行。

三、党建引领,社会主义核心价值观新发展

核心价值观,承载着一个民族、一个国家的精神追求,体现着一个社会评判是非曲直的价值标准。习近平总书记要求全体教师带头践行社会主义核心价值观,自觉增强立德树人、教书育人的荣誉感和责任感。在教书育人过程中,教师是引导学生践行社会主义核心价值观最有效的力量,教师正确的价值观也能促进学生进一步践行社会主义核心价值观。

（一）重队伍建设,强化优秀师德为保障

学校党建工作重视师德建设,重在抓队伍建设,把教师职业道德建设放在德育队

伍建设的突出位置。引领全体教职工做到教书育人、管理育人、服务育人,形成全员育人、全程育人格局,确保社会主义核心价值观教育在基层学校真正落实。

一是加强全体教师师德建设。依据新时代对班主任和学科教师的育人要求,学校提出福山花园学校教师形象标准,党支部通过开展"今天怎样做老师"和"教师十项行为准则"的学习讨论,将"明德至善、博识严学、实践探究和协作创新"作为我校教师的形象要求。转理念、转师风、转方式,老师们通过微论坛、主题演讲和教研组小品演绎等形式来诠释对花园教师形象的理解和认同,自觉转变育人观念教育,提高自身素养。

二是加强班主任队伍建设。学校党支部书记牵头开展"职初班主任校本培训"和"信息化背景下新型家校沟通"课题研究,探讨当下教育的难题,通过组织骨干型班主任的经验分享微讲座、成熟型班主任手把手带教,推动学校班主任队伍育德能力的整体提升。

三是发挥党员教师先锋作用。党支部开展"树形象、比奉献、促发展"主题活动,明确党员教师的使命担当,鼓励党员教师争当教改先锋、争当岗位能手,引导党员教师增强学识魅力和人格魅力,以高尚的师德影响周围群众,把立德树人的根本任务落实到位。

(二)打造党建精品,提升学校文化内涵

习近平总书记指出:"核心价值观是文化软实力的灵魂、文化软实力建设的重点。这是决定文化性质和方向的最深层次要素。一个国家的文化软实力,从根本上说,取决于其核心价值观的生命力、凝聚力、感召力。"作为一所既有历史又是新建制的学校,学校党建工作注重凝聚校园文化力量践行社会主义核心价值观,积极探索打造党建精品工程——花园名片。

我们将校园文化"花园力量"提炼为四句话,"花园事,我的事;我在花园,我很重要;一切皆有可能;福山荣耀,你我共筑"作为福山花园精神的体现。为了让"花园力量"在每位老师的心里生根、行动上开花,党支部组织开展"花园力量"见行动系列活动。在学校年度总结会上,各教研组用小品演绎的方式表达对"花园力量"的理解和实践。教师节前,支部号召管理层、党员、教师、家长、学生等收集爱岗敬业的事例和人物,拍成了第一部花园力量宣传片,通过生动鲜活的具体事例诠释学校精神和文化。

党支部和工会一起发起亮出"花园名片"的活动,鼓励老师们用责任和担当为教育事业奋斗,为学生健康成长护航。"花园名片"是福山花园教师的最高荣耀,是用责任和担当为教育事业奋斗、为学生健康成长护航的典范,是福山花园教师价值选择中最崇高的追求。2019年教师节,学校推出首批"花园名片",向4位优秀教师颁发"花园名片"荣誉称号,并通过学校文化宣传墙和演讲会宣传他们身上爱生、敬业、无私奉献的精神。学校从身边的先进事迹中挖掘"精神富矿",营造了见贤思齐、崇德向善的校园氛围,也使"花园力量"成为学校特有的气质。党建精品工程"花园名片"的打造,使教师的团队意识和归属感与日俱增,也让社会主义核心价值观的内涵在校园不断深化,并不断成为福山花园教师的精神追求和自觉行动。

以"研学实践课程"促"实践育人"

一、概念界定

(一)研学实践课程

2014年4月19日,时任教育部基础教育一司司长的王定华同志在第十二届全国基础教育学校论坛上发表了题为"我国基础教育新形势与蒲公英行动计划"的主题演讲。他在演讲中提出了研学旅行的定义:研学旅行是学生集体参加的有组织、有计划、有目的的校外参观体验实践活动。

2016年,教育部等11部门联合下发《关于推进中小学生研学旅行的意见》,将研学旅行的定义进一步优化为:中小学生研学旅行是由教育部门和学校有计划地组织安排,通过集体旅行、集中食宿方式开展的研究性学习和旅行体验相结合的校外教育活动,是学校教育和校外教育衔接的创新形式,是教育教学的重要内容,是综合实践育人的有效途径。研学实践教育不是一场说走就走的旅行,而是以落实立德树人根本任务为目的,推动全面素质教育,引导学生主动适应社会,促进书本知识和生活经验的深度融合,促进学思结合、知行统一的教育活动。

(二)实践育人

党的十八大以来,习近平总书记多次强调,青年要成长为国家栋梁之材,要读万卷书、行万里路,既多读有字之书,也多读无字之书,注重学习人生经验和社会知识,注重在实践中加强磨炼、增长本领。要重视和加强第二课堂建设,重视实践育人,坚持教育同生产劳动和社会实践相结合,广泛开展各类社会实践,让学生在亲身参与中认识国情、了解社会,受教育、长才干。2020年,在全国教育大会上,习近平总书记强调"要把立德树人融入思想道德教育、文化知识教育、社会实践教育各环节"。这对以综合"实践育人"为特征的研学实践课程指明了根本遵循。

二、研学实践课程的现状及问题

(一)德育性价值不凸显

德育强调的是将学生培养成遵纪守法的好公民,但是在现实的德育工作中,德育更多关注学生在学校生活中的行为,忽略了学生在社会生活中的表现,导致好的道德品质出不了校园。研学实践课程关注学生身心发展特点和自主学习能力,注重课程内容的教育性,旨在促进学生的全面发展,但在德育的落实上还有不足,应将德育有机融合进研学实践课程中,共同促进学校育人体系的协同、多元发展。

（二）工作机制不完善

研学实践课程是由教育部等多个国家职能部门推动实施的,但目前并无教学大纲和教材,也缺乏师资。虽有国家层面多个文件的推动,却缺乏整体性的配套政策和具体的工作开展方案。这种状况势必会给全国教育部门和中小学开展研学实践课程带来工作困扰,唯有完善研学实践课程的工作机制,才能确保课程始终在理性和正确的工作轨道上向前推动。

（三）评价体系不健全

任何一门课程都需要有相对合理、有针对性的课程评价体系。研学实践课程作为一门独特的课程,也应该有对应的评价体系。从目前课程发展状况看,大多数学校在实施研学实践课程的过程中,并没有建立对学生参与此项活动的综合性评价体系。这一评价体系的不完善甚至缺失,直接导致无法通过学生参与课程的表现来综合评估学生是否达到既定的教育目标,无法检验学生综合实践能力是否得到提升。

（四）专业人员不到位

研学实践课程的特殊性对提供课程的专业人员的素质要求也比较高。除了要具备专业知识,还要善于把握教师、学生的心理,充分了解教育的特性,掌握先进的教育理念与方法等。然而,目前这类高素质专业人员还十分缺乏,这就需要加强此类人才的培养。此外,还可以邀请场馆专业人员、学者专家来助力研学实践课程教育性的提升。

三、"研学实践课程"对促进"实践育人"的意义

（一）利于提高中小学生的社会适应能力,增强社会责任感

社会教育空间是与家庭、学校始终并存的第三教育空间,研学实践课程正是以教育目标为导向去整合及转化社会资源,并使之成为有效的教育资源。从教育结果上来看,研学实践课程以体验为核心,更有利于学生发现自我、理解生活、了解现实,全面认识社会和人生,提升学生的社会适应能力,培养责任意识,为未来融入社会做好充分准备。

（二）利于提高中小学生的动手能力和社会实践能力

基础教育的短板之一是学生的实践能力弱,研学实践课程引导学生走出校园,在不同于日常学习生活的环境中拓宽视野,丰富知识,了解社会,接近自然,增加学生的动手机会,提升动手能力和实践能力。从教育方法上来看,课程以体验为核心,更具实践性、探究性、应用性,引导学生关心现实、关注真实世界,并构建解决实际问题的能力。

（三）利于培养中小学生的健全人格和健康个性

立德树人是新时代发展中国特色社会主义教育事业的核心所在。在研学实践过

程中,学生集体外出,参与集体食宿和集体活动,有助于培养学生的良好行为习惯、集体主义与团结精神。研学实践课程在培养学生健全人格和健康个性上具有重要作用。

(四) 利于促进中小学生的全面发展,助推素质教育的实现

从教育部等 11 部门发布的《关于推进中小学生研学旅行的意见》对研学实践课程的工作目标的阐述中可以看出,四个"感受"、三个"学会"、两个"促进"中的关键词涵盖了德智体美劳的范畴,对于学生了解国情、热爱祖国、开阔眼界、增长知识实现全面发展十分有益。

四、研学实践课程的开发原则

研学实践课程作为国家新的教育制度设计和新的课程设计,不仅仅是对现有教育制度的改良和对现有课程的补充与完善,更催生构建出一种新的教育生态。

(一) 课程情境化

研学实践课程把"世界"作为课堂,即把丰富多元的社会资源转化为课程内容并具体实施,使各类社会资源根据研学实践课程体系建设的需要,转化为生动、有趣、有益的课程内容。研学实践课程倡导学生关注生活、参与生活、学会生活,并在生活中得到情感的熏陶、素质的提升,将学生的学习空间从学校拓展到日常生活、社会以及自然等更广阔的空间中,将书本知识和生活世界有机融合。学生在情境化的教育空间中互动体验,学习发生在真实的、动态的和具有意义的生活情境中。情境化的学习不再是机械的、单向的知识传递,而是学生与生活世界建立联系的意义建构过程。

(二) 活动探究化

研学实践课程将学生带入到与学校教育不同的场景之中,面对现实的世界和真实的问题展开探究性学习,是一种真实情境下思考与探索的学习活动。与发生在课堂里的探究活动有别,它不局限于体系化的学科知识,而更能接触到接地气的感性知识,从而对破解知识生活化的命题,有着重要的意义。

(三) 过程体验化

研学实践课程是以体验为活动组织形式的,学生在不断地体验和经历中发现和感悟。在研学过程中,课程以学生的体验为核心,鼓励学生观察积累、动手操作、探究探索、总结应用,通过亲身实践获得锻炼和提高。这种实践不但能激起学生的求知欲,还能促使他们更好地进行社会化实践活动,将"行"和"知"有机结合起来,为学生的学习注入活力。在体验式学习中,教师不再一味地单方面地传授知识,更重要的是利用那些可视、可听、可感的教学媒体努力为学生做好体验支持,让学生产生一种渴望学习的冲动,自愿地全身心地投入学习过程,从而加深他们的记忆和理解。

(四) 知识生成化

研学教育实践课程的教学活动是动态展开的,学生通过有目标、有组织、有计划的课程活动,在团队合作中碰撞思维,在自主探究中构建思维,在实践体验中发现和感悟。在真实的生活环境中,学生思维活跃,且每个人观察点不尽相同,课程实施中可能并不是按照设想方向发展。知识的生成不再是老师单向传授,而是学生将新知识融入自己原有的知识体系,使之成为自己知识体系的一部分。这种生成化是由课程中的体验性、开放性、复杂性、多变性的取向所决定的。随着学习内容的不断加深,学生的认识和体验不断深入,促使新目标和新问题的生成,进一步激发学生创造性地解决问题,寻找问题的答案。

五、研学实践课程的开发策略

(一)加强研学实践课程开发的顶层设计

研学实践课程正式纳入学校教育教学计划,成为一门有价值且规范化的课程活动,需要各地教育行政部门和学校完善课程的顶层设计和制度建设,逐步形成中小学研学旅行的工作规范,保障课程价值方向的正确性。

1. 与学校育人理念相融合

研学实践课程是实施素质教育的重要途径,也是促进学生道德养成、培养和实践社会主义核心价值观、发展学生创新能力的重要载体。研学实践课程作为一门最能体现校本化理念的课程,课程目标的校本化是学校层面对研学实践的价值判断与价值选择,应与学校育人理念一脉相承,需从学校课程结构优化与课程发展的角度定位研学实践课程的目标。只有这样,才能使研学实践课程深度融入学校课程体系,成为学校课程的一部分。

同时,要注意与培育和践行社会主义核心价值观紧密结合,但不能搞得教条、生硬,而要注重设计和组织体验活动的科学性、艺术性,以先进文化、宽阔的视野和多彩的活动深入拓展教育的新空间,引导学生自觉尊重自然、热爱生命,主动适应社会、文化生活,促进书本知识与生活经验的深度融合,深度拓展实践体验育人的途径和方法,促进学生日后成人成才。

2. 与学校特色项目相融合

学校特色项目是研学实践课程的重要推动力,同样地,研学实践课程是学校特色项目的主要彰显途径。研学实践课程不仅是对现有课程的补充和完善,更为素质教育提供了新内容和新方式。课程以学生需求为根本出发点,着重关注学生个体的主体性和创造力,培养学生多方面的兴趣、特长和综合素养。这与学校特色项目在新的发展时期持续优化提升的方向是一致的。在研学实践课程的开发设计中,可以学校特色项目为课程主题,将丰富多元的社会资源转化为课程内容,学校内外合力吸引社会力量,使各类社会资源根据课程体系的需要,转化为生动、有趣、有益的课程内容,从而成为学校特色项目持续优化提升的重要途径。

(二)把握研学实践课程目标

研学实践课程根据学生的身心发展规律和实践育人理念来进行开发,既强调学生自主学习能力,又培养学生的实践能力、创新能力。

1. 符合青少年身心发展规律

学生是研学实践课程实施的主体,因此在课程设计时必须考虑学生的身心发展规律和需求,结合学生的能力和素养发展现状,寻找课程目标设计的逻辑起点,致力于培养学生的核心素养和能力、发展学生的创新能力与探究能力,尊重学生的兴趣和需要。

2. 体现实践育人理念

传统教学内容一般是以书本的系统知识为主,缺少对学生的动手实践能力的培养。研学实践课程的出现有助于弥补传统教学的不足,研学实践的形式能让学生在实际情境中学习到更多的知识,并运用所学知识解决实际问题。突出实践性活动的育人效果,从活动的主题出发,设定合理的课程目标,把握研学实践活动内容的关键要素,使立德树人根本任务落实在具体的活动实施过程中。

(三)整合研学实践课程内容

相较于其他课程,研学实践课程有其独特属性。其与学科课程相比,具有更大的综合性;与一般的综合实践活动课程相比,具有更广泛的课程资源。因此,在研学实践课程的内容设计上,要整合各类校内外资源,转化为能满足学生成长发展需求的课程内容。

1. 与学科相融合

研学实践课程可以看成是一门综合性课程,在课程设计上会体现出学科之间的交叉与融合,促进知识点之间的连接与整合,这在一定程度上弥补了传统分科教学的不足。同时,将研学实践课程与具体学科结合,能够发挥出教育教学的价值,并且基于学科教育视角探索出不一样的研学实践活动。作为课程主体的学生,不仅能加强对于学科知识的理解与掌握,还能形成正确的人生观,提高综合思维和认知能力。

2. 与特色项目相融合

研学实践课程的开发进程与学校特色项目的形成是互促共进的。作为彰显新时期学校特色项目的主要途径,研学实践课程的开发可借助特色项目的特性,作为课程内容的重要来源,并结合研学实践课程自身的资源,整合优势,将校外资源整合入特色项目,持续优化学校特色项目的提升。

3. 与学校活动相融合

研学实践课程作为一门新的综合实践课程,与学校活动课程有一定的共性,都强调学生的主体性和实践性,都强调学生除知识外其他能力的培养。因此,在课程内容设计方面,可以与学校班级团队活动、校庆活动和节庆活动等学校活动相结合,作为学校活动的一种创新实施形式,在有计划、有组织的实践活动中,增加学校活动形式的丰富性,同时也拓展研学实践课程的主题内容。

4. 与家庭教育活动相融合

开展好研学实践课程,需要家长具有正确的教育观和科学的育人观,积极鼓励和支持学生参加研学活动,并且能够带领孩子一起领略研学活动的魅力。具体来说,一方面,家长要大力支持孩子参加学校研学实践活动,在活动计划、活动路线、活动内容等方面给予支持和引导；另一方面，家长要身体力行，利用周末、节假日时间，主动带着孩子或鼓励孩子参与研学活动，让学校研学实践与家庭教育活动有机结合，促进学生的全面发展。

（四）研学实践课程的有效实施

研学实践课程的组织实施与常规课程不同，除具有常规课程应具备的教学结构与流程外，更需对灵活变化的活动形式进行整体性把控。

1. 教师培训课程

不同课程对教师的要求不同，研学实践课程作为一门综合性课程，涉及多门学科、多种社会资源的整合，对教师也是一个新挑战。因此，行前的教师培训课程必不可少。一方面，课程负责老师要与活动各方协商对接，并亲自前往目的地考察相关地点，在反复修改磨合后敲定课程实施方案。另一方面，参与该课程的教师需要集体培训，培训内容包括制定详细的流程、明确管理要求，随时优化课程细节，带领学生通过亲身实践体悟课程内容。相比传统课堂，研学实践中教师的角色从主导转向引导，让学生成为课程的行动主体。

2. 行前准备课程

课前阶段是研学实践课程实施之前的准备阶段。除了教师要提前进行培训，学生作为课程的实施主体，也需要加入行前准备的行列中。

学生的课前准备主要包括两方面：一是学习准备，由学校教师开展先导课程，组织学生进行课题讲座、分组选题、信息搜集等学习准备工作，让学生带着问题投入到后续的研学实践中，加深过程中的体验和感悟。二是出行准备，如罗列出行清单、整理行装、了解安全事项、学习文明礼仪等，不仅可以帮助学生应对出行途中的各种突发状况，还能锻炼他们的动手能力、生活自理能力、统筹规划能力和有序思维能力。

3. 活动实践课程

1）项目引领，问题探究

项目制学习是把教学内容与实践经验所碰到的问题或挑战整合起来，让学生成为学习的主角，允许他们直面挑战、解决问题，在一种自治而有组织的氛围中与同伴合作，教师团队则是他们的学习顾问，并全程对他们的学习情况进行评估。研学课程结合具体的生活情境，让学生有机会把课堂上所学的学科知识运用到研学实践中，激发学生的活动参与度和热情，在实践中加深对知识的理解，提升学生的探究能力。

2）任务驱动，自主学习

在研学实践过程中，学习场所范围扩大及外界干扰等因素，可能导致学生注意力分散。因此，提高学生的学习效率，推动课程顺利开展是研学实践课程取得成功的关键。在课程实施中设置课程任务，让学生在任务单的引领下，独立思考、合作探究、主动实践，通过自主搜集任务信息，构建对问题的深度认识和深层理解，真正做到行知合一。

3）成果展示，总结交流

研学实践课程的成果代表着学生对研学的认识、对学习内容的感悟。课程不仅要关注实施过程的效果,更要注重学生学习成果的总结反思。每个学生由于认知水平、思维方式、观点看法不尽相同,因此形成的问题看法和解决方案也不一样。在研学过程中,可以通过"每日分享会"交流组内和组间发现的问题和解决办法;通过"课程作品展示"总结学习收获和感受。在研学归来后,通过"成果汇报",鼓励学生以自己喜欢的形式,如报告会、黑板报绘制、舞台剧等方式展示学习心得,从而促进学生协作交流、创新思维和实践能力的提升。

4. 后续评价

在研学活动后期,通过各方面反馈的质量信息及时进行汇总分析,明确课程中的主要缺陷,找准发生问题的具体原因,通过健全制度、加强培训、调整供应方、优化课程设计、完善服务要素和运行环节等措施,持续改进研学实践课程的实施效果。

1)学生能力评估

学生评价包括自评、互评、总评多维度,是学生自身、同学以及研学导师对学生在活动过程中的表现所做出的评价。评价内容包括学生的自我管理能力、学习态度、学习方法、团队协作、创新实践等综合素质,贯穿于活动的始终。

2)课程质量评估

对课程导师和对研学课程的综合评价是研学评价机制中重要的部分。对研学课程中各板块的逐一评估和有效反馈,能更好把控各项研学工作的质量及品质,推动组织管理、课程迭代、教师培训等方面工作的不断进步和完善。

3)课程作业呈现

学生在研学课程中完成的研学任务、研学作品等研学成果都将作为学生研学评价的一部分,并与学生的研学能力评估一起,作为评价学生学习效果的指标。同时紧密结合新高考背景下教育部发布的《关于加强和改进普通高中学生综合素质评价的意见》中的实践课程评价内容,以思想品德、学业水平、身心健康、艺术素养、社会实践5个方面为重要参考,结合6个领域系列主题课程的具体目标,给予学生全面素质的综合评价与总结。

(五)研学实践课程评价

1. 评价取向

构建多元评价主体。研学实践课程的评价工作是新一轮课程改革中的一道"亮点",为了确保研学实践课程的顺利实施,课程评价问题是决定课程能否顺利实施的"关键一步"。作为一门新的综合实践活动课程,研学实践课程可以根据国家试行的《综合实践活动指导纲要》强调的评价方式,采用"自我参照"评价标准,注重学生在活动中的各种表现。

2. 评价内容

1)研学手册

研学手册是贯穿研学实践课程全程的评价内容。学生在参与研学的过程中,根据课程任务的完成情况,会在研学手册中记录各方面的表现,留下真实的研学回忆。学生在研学手册里记录的文字、绘制的画面,是他们课程参与度的呈现形式,也可以说是研学评价的重要内容。

2) 研学积分

研学积分可以针对单次研学活动设计,也可以根据学校整个研学实践课程体系来设计。它是在研学过程中给予学生及时的研学评价反馈,肯定学生的每一次精彩时刻,从而鼓励学生不断进步成长的一种评价表现。根据研学的课程安排,可以在车程中、研学目的地等多种场景中使用研学积分,是研学实践课程过程性评价的重要内容。

3) 研学评价表

研学评价表是在活动结束后,研学课程的参与者对学生的活动表现(见表 5-1),以及学生对课程的满意度进行评价(见表 5-2)。

表 5-1　学生能力评估

学生姓名		学生年级		自评	互评	师评
课程名称		课程时间				
自我管理	自己收拾打包行李	A. 优秀　B. 良好　C. 待提高				
	了解目的地情况	A. 优秀　B. 良好　C. 待提高				
	遵守行程规定和安排	A. 优秀　B. 良好　C. 待提高				
	在公共场合懂文明、讲礼貌	A. 优秀　B. 良好　C. 待提高				
	健康饮食,不浪费粮食	A. 优秀　B. 良好　C. 待提高				
	保护好自己人身和财产安全	A. 优秀　B. 良好　C. 待提高				
	安全出行,遵守交通规则	A. 优秀　B. 良好　C. 待提高				
	爱护公物,遵守公共秩序	A. 优秀　B. 良好　C. 待提高				
	保护环境,维护公共卫生	A. 优秀　B. 良好　C. 待提高				
	遇到紧急情况,冷静应对不慌张	A. 优秀　B. 良好　C. 待提高				
学习态度	积极主动参与集体活动	A. 优秀　B. 良好　C. 待提高				
	准备好每一次的讨论	A. 优秀　B. 良好　C. 待提高				
	完成自己承担的任务	A. 优秀　B. 良好　C. 待提高				
	乐于合作与分享	A. 优秀　B. 良好　C. 待提高				
学习方法	乐于探究,勤于动手	A. 优秀　B. 良好　C. 待提高				
	认真记录行程中的见闻和感悟	A. 优秀　B. 良好　C. 待提高				
	活动后总结收获,反思不足	A. 优秀　B. 良好　C. 待提高				
团队协作	在行程中关心同学,尊敬师长	A. 优秀　B. 良好　C. 待提高				
	在活动中团结友爱,互帮互助	A. 优秀　B. 良好　C. 待提高				
	小组任务分工合作,各展所长	A. 优秀　B. 良好　C. 待提高				

（续表）

创新实践	发挥个人特长,施展才能	A. 优秀　B. 良好　C. 待提高		
	遇到困难,会主动寻求解决办法	A. 优秀　B. 良好　C. 待提高		
	活动中积极提出创意想法	A. 优秀　B. 良好　C. 待提高		
个人成就简述				
最有成就感的一件事:				
			（老师签名及简评）	

表 5–2　课程满意度调查问卷

评估人	全体学生	
评估对象	研学课程	

评估原则:

所有评估人本着公平公正的原则,实事求是地对评估对象进行评分,根据实际情况填写;

每位学生人手一份填写,研学课程结束后由专业工作人员回收,若发现随意填写或弄虚作假的情况,评估表将作废;

评估表为 10 分制,1 分表示十分不满意,10 分表示非常满意。

评估说明:

课程满意度调查问卷的框架如下,具体内容视实际情况而定;

课程结束前,研学导师会统一向学生收集满意度调查;

操作方式视具体情况而定,一般为纸质表单填写或手机二维码扫码填写。

评估项目	具体内容	分值
总体满意度	对研学课程的总体满意度评价	
研学课程满意度	＊视具体的课程内容而定,通常为 3～5 题	
研学导师满意度	＊视具体的研学导师安排而定,通常为 2～3 题	
课程服务满意度	对课程期间餐饮的满意度评价	
	对课程期间车辆安排与驾驶的满意度评价	
	对课程期间住宿环境与设施的满意度评价	
评分总计		
建议与意见	请写下对课程的任何建议与意见,以帮助我们更好完善课程:	

4) 研学成果

　　学生在研学活动中完成的研学作业、产出的研学成果,以及获得的研学成绩认定,都可以作为学生研学评价的一部分。它们既是学生学习的结果性评价,也是学习效果的重要指标。

（1）研学作业的完成。按照研学课程的设计，学校会在研学课前阶段布置研学作业，并在课中阶段体验、探究，回到学校后整理并按要求完成作业。

（2）研学成果的展示。研学成果的展示应该以小组为单位，以体现小组合作学习的效果。研学成果的展示实际上是一种课程评价方式，有利于检验研学目标的实现情况。研学成果的展示还可以实现研学成果的物化和延续，提升研学的实效性。

（3）研学成绩的认定。研学既然纳入课程，就应该有类似于学科课程的成绩和学分认定系统，这是研学旅行课程规范管理的需要，也是推动学生有效参与研学的重要手段。

5）研学证书

研学证书是对学生参与研学实践的一种鼓励方式。证书可以分成结业证书和优秀证书，如果学生在校期间完成规定的研学实践课程，即可获得结业证书。在获得结业证书的学生中，选出一定比例的优秀学生，颁发优秀证书。

3. 评价结果

1）学生研学档案的建立

完整记录学生在校期间参加的研学实践课程，包括课前、课中、课后的整个课程表现，以及课程评价与反馈。这既是对学生研学实践课程参与的反馈，也是学生成长的印记。最终可放入学生的成长档案中，作为学生阶段的重要记录。

2）研学实践课程的迭代

在研学实践课程结束后，学校研学负责人收集各方课程反馈，对课程管理过程信息进行汇总分析。同时，与课程团队成员一起组织开展课程复盘，结合课程过程中出现的问题以及收集到的课程反馈，明确课程管理层面优化方向。同时，通过健全管理制度、加强教师培训、调整供应方、完善课程实施环节等措施，持续改进研学实践课程的实施效果。最终以书面报告形式呈现已处理的解决方法，以及课程开发和管理的更迭方案。

六、总结与展望

在国家政策的导向指引下，研学实践课程已是教育界关注的热点。作为传统学校教育的有益补充，研学实践课程不仅致力于知行合一，更关注学生的心灵成长及生活教育。学生的学习场地不再局限于教室，他们走出学校，进入到博物馆、植物园、科技馆，甚至企业等。研学课程从内心深处唤醒学生沉睡的自我意识和生命意识，促使他们价值观和创造力的觉醒，以实现自我生命意义的建构。研学实践课程让学生在自主实践体验中学会学习，培养分析问题、解决问题的能力和创造能力。

研学实践课程带给学生的不仅是对知识的渴望，更是对真实世界的关注，它对中小学生形成积极向上的价值观、人生观和世界观有着正面的引导和强大的激励作用，是不可多得的教育资源。相信围绕着"立德树人、培养人才"的根本目的，研学实践课程或成为未来教育的一种引领，推动教育新生态的不断演进。

小学德育工作评估的实践探索

德育管理实践中,量化评估工作一直是重点和难点。2018年浦东新区教育部门挑战学校德育工作评价难题,以重点项目"浦东新区中小学德育工作评估指数的研发与应用"为抓手,组织浦东新区德育工作组以"中小学德育工作指南"为指引,科学规划未成年人思想道德建设工作,研发"浦东新区中小学德育工作评估指数"(以下简称"指数"),尝试用量化考核的方式,推进中小学校德育工作制度化管理、项目化实施、品牌化发展,提升区域层面德育工作的内涵发展(见表5-3)。

表5-3 "浦东新区中小学德育工作评估指数"评估指标及权重设计

一级指标	权重	二级指标
管理育人	28%	德育管理机制
		德育(班主任)队伍管理
		行为规范教育☆
		德研工作
课程育人	22%	道德与法治课程落实☆
		学科德育
		心理健康教育
活动育人	25%	中华优秀传统文化教育活动
		社会主义核心价值观教育活动☆
		寒暑期活动
		影视教育活动
实践育人	7%	参观、体验类社会实践☆
		农村社会实践活动
		高中志愿服务活动
协同育人	12%	家庭教育工作☆
		校社合力育人
文化育人	6%	校园文化建设
		特色加分

科学而有效的评估指数能提升德育工作发展的造血能力,"指数"对小学、初中、高中阶段的德育工作内容进行整体梳理,以管理、课程、文化、活动、实践和协同育人的六大板块为 6 个一级指标,形成 17 + 1 个二级指标(+ 1 为特色加分指标)和 68 个评估要点。内容详实的细化表和评分标准对照表,通过指数将抽象的学校德育工作变为具体分值,帮助学校更客观审视德育工作水平,有机调整学校德育工作方向,提高德育工作实效。

作为基层德育管理者,笔者有幸参与德育评估指数研发工作,本着"指数"可操作、能量化、重过程、能兼顾,能激励的原则,笔者团队不断探索"指数"的科学性、操作性、适切性,在研发中,笔者更深刻地理解了这项工作的价值和意义。但在"指数"的应用过程中,笔者对德育评估工作多了一份思考:一是部分教师对德育评估工作理解不到位,德育日常工作烦琐,面对那么多的评价指标,一些老师有畏难及应付情绪,如何让老师建立"以评促建"的观念;二是,如果仅仅按照规范要求,是否会导致学校德育工作"千校一面",如何凸显学校特点,做优德育工作;三是,新时代学校德育难点和问题不少,如何借助德育评估工作破解学校德育难点。

带着对问题的思考,笔者所在的学校对借助"指数",发挥评估对学校德育工作建设的导向、调节和激励的作用,落实完善学校德育工作顶层设计,保障学校德育工作不缺位、创新学校德育工作有特色,有了进一步探索和实践。

一、借助评估,统一认识,以评促建设

德育工作评估是使德育工作由软变硬、由虚变实的重要措施。但是面对一级、二级指标和近 70 多个评估要点,畏难情绪是基层学校的第一反应。对待德育评估工作的态度决定了评估工作的效率,因此亟需统一思想,确立工作机制。

(一)重在统一思想,提高德育工作的认识

统一思想,领导先行。福山花园外国语小学作为一所在福山学校 30 年基础上发展起来的新建制学校,既年轻又有历史,这一鲜明的特点决定了学校领导班子要站在关乎全校长期持续发展的战略高度,用"创业"的态度和长远的眼光去看待"德育评估"工作。学校通过校务会、行政会、教学工作联席会等多个层面对"指数"进行务虚和务实学习,在"以德树人"的根本问题上形成共识,明确了德育评估不是学校德育部门单打独斗,而是全校各部门在德育部门牵头下通力合作,以评估为契机,形成学校育人特色,促进学校全面可持续的发展。

(二)重在制度建设,规范德育工作的运行

健全和完善的学校德育工作机制是规范学校德育工作的重要保证。"指数"注重引导学校德育工作的规范运作,如二级指标"德育管理机制评分标准对照表"明确指出学校应该建立哪些德育制度。有了这份清单,学校党支部牵头各部门,在原有德育管理制度的基础上完善各类育人工作的实施细则和规章制度,以制度保证德育任务的落实到位。对制度的修订和完善也促进了学校德育工作责任到人,形成全员育人、全程

育人、全方位育人的格局。

（三）重在抓队伍建设，强化德育工作的保证

努力建设一支高素质的德育队伍是把德育落实在基层的重要保证，也是评估成功的重要保证。"指数"中对教师育德能力评估要点之一是注重师德建设，学校根据要求加大师德培训力度，以"立师德、正师风、强师能"系列化的师德校本培训课程，把教师职业道德建设放在育德能力建设突出位置，教育和引导教师增强学识魅力和人格魅力，以高尚的师德引导学生全面发展。

二、借助评估，整体规划，以评创特色

学校在做好"规定"动作的基础上，积极在"自选"动作上做出彩。在制定新一轮学校发展规划时，我们认真学习和理解"指数"特色要求，从顶层规划学校德育工作，在特色上下功夫，在内涵提升上下功夫。

（一）指数引领，多途径让育人目标落地

作为一所外国语小学，我们把培养具有国际视野和民族精神的福山少年作为育人目标，并具体通过"四气、八字"的学生形象德育活动课程进行落实。对标"指数"的多项评估要点，我们将育人目标与行为规范训练、家庭教育、学科教育、学生评价相结合，多途径让育人培养目标落实到位，形成学校育人工作特色。

1. 与行为规范训练相结合

"行规教育评价"要点指出，"开展学生行为规范教育，形成良好的教育氛围"，将育人目标与行规教育相结合，形成了积极向上的教育氛围。学校制定了《福山形象少年德目要求》，将育人目标细化为行为规范教育的具体内容，从小事做起，从一点一滴开始，每学期有步骤地落实，使之成为学生的行为准则。例如："尊重教育"德目要求"尊重他人，不影响他人的活动，尊重他人的劳动成果"，我们把它细化为"课间不大声喧哗、不奔跑，不影响他人休息"的具体行为。通过这些具体化的要求帮助孩子规范行为，形成良好少年形象。

2. 与家庭教育相结合

家庭是孩子发展的另一个重要的场所，"家庭教育评分标准"的评估要点是"学校教育要重视家长参与"。因此，学校将学生育人目标向家庭延伸。如，学校对学生行为规范上的要求就需要积极争取家长的教育力量的支持。学校向家长发出倡议，引导家长在家庭中、社会上帮助孩子落实学校的育人目标，鼓励家长用实际行动做孩子的榜样，还请家长参与日常评定，监督孩子切实做到学校的要求。每次的家长会上，一部分有成功体验的家长都会交流心得，家长的大力支持和配合使学校育人目标进一步落到实处。

3. 与学科教育相结合

育人讲究"润物细无声"。"学科德育评分标准"的评估要点是"学科德育教学设计或者教学案例11例及以上"。量化指标让学科教学落实学生育人目标具体化。语文

学科选取有代表性的课文,以鲜明的形象和生动的语言,诠释正气、大气、雅气、灵气的精神特质和尊重、负责、诚信、合作的道德品质。体育学科的教师们不仅仅在课堂上教会学生掌握一些运动的技能技巧,更善于抓住一切时机培养学生勇敢顽强、不怕困难的作风。每年的冬锻节、小型体育竞赛等都是学生们合作意识、责任感的最佳体现。美术教学中,老师们把握时代教育脉搏,认真挖掘并利用美术学科内容中所蕴含的德育因素,恰到好处地对学生进行引导。通过"我爱我家"绘画活动,让学生学会尊重父母。通过设计宣传海报,体验合作带来的快乐。同样,在自然常识课上,老师们以"自然笔记"为载体,帮助学生形成热爱自然、尊重自然、和谐共存的道理。学科育人使学生对形象少年的要求有了进一层的感悟。

4. 与学生评价相结合

积极有效的评价能促进育人目标的落实。学校制定"形象少年评选细则",将形象少年按等级分为一星级、二星级、三星级和四星级形象少年。给不同基础的学生以不同的上升台阶,给更多的孩子成功的机会,帮助每一位学生向更高的形象目标努力。每年开展的"福山形象少年"的评选,通过自我、他人、师长的评价,让学生主动体会到福山少年应该具备良好的行为规范、行为能力、道德和健康完善的人格。

(二)指数引领,活动育人更有导向

"指数"对活动育人的内容进行很好的梳理,将"中华优秀传统文化教育活动""社会主义核心价值观教育活动""寒暑假活动""影视教育活动"作为二级指标。有了明确的要求,我校根据学生育人目标整体设计活动,坚持以社会主义核心价值观为基础,以"国际理解教育"校本活动课程建设为抓手,通过探索国际理解视野下的民主精神教育活动,发挥活动育人的导向作用。例如,学校以项目化方式开展"农历的天空下传统节气""非遗项目进校园""小小外交家"等文化学习教育活动,注重学生体验和感悟,让学生把我们的国家置身于世界范围之中,了解自己的民族,汲取传统文化中积极的思想观念、人文精神和传统美德。我们将社会主义核心价值观教育融合于各学科学生活动中,按照学科自身的特点,通过课堂教学互动,传承民族精神,传播世界文化,夯实民族根基,培养国际视野,使学生在实践中经历、思考中体会、学习中收获,也使学校教育活动更系统生动,富有内涵。

三、借助评估,攻坚克难,以评促创新

"指数"着眼于发展,对学校德育工作具有指导和推进的作用。对于如何借助科学而有效的评估指数,破解德育工作的难点,提升学校德育工作发展的造血能力,我们也进行了积极的探索。

(一)对标找差,聚力攻坚

教育的特殊规律决定了教师在德育工作中具有举足轻重的关键作用,班主任是学校教师队伍的排头兵。

"指数"对班主任队伍建设提出了明确要求,尤其在"班主任研修"上有具体量化要

求(见表5-4)。我们在规范做好校本化班主任培训的前提下把目光聚焦在职初班主任校本研修上,因为职初班主任的专业发展速度与水平,直接决定了学校班主任队伍的整体育人水平。"指数"强调班主任校本研修的计划性、系统性和实效性,为此,积极探索有效的职初班主任校本培训模式,为职初班主任成长提供专业有效的帮助,成为有意义的事。

表5-4　班主任管理评分标准对照

评估要点	工作效度评价				提交资料说明
班主任研修 300分☆	校本研修				下述材料提交形式为文本、照片 100分: (1) 班主任校本研修工作计划(每学期一个) (2) 班主任校本研修活动记录表2张(每次研修活动一张记录表) (3) 班主任校本研修活动过程照片2套(照片要含有会标、参与人员等重要信息资料,每次研修活动均需要有照片) 150分: (1) 班主任校本研修活动记录表4张(每次研修活动一张记录表) (2) 班主任校本研修活动过程照片4套(照片要含有会标、参与人员等重要信息资料,每次研修活动均需要有照片) 200分: (1) 班主任校本研修活动记录表6张(每次研修活动一张记录表) (2) 班主任校本研修活动过程照片6套(照片要含有会标、参与人员等重要信息资料,每次研修活动均需要有照片)
	无校本研究 0	每学年2次及以上 100	每学年4次及以上 150	每学年6次及以上 200	

(二) 课题引领,深化发展

学校以"小学职初班主任校本培训有效模式的研究"为课题进行攻关研究,职初班主任的培训改变了以往听听经验介绍、带教等传统的做法。从职初班主任的困惑和需求出发,遵循按需施教,确立校本培训方案,搭建校本微课程培训的框架。培训内容围绕职初班主任最困惑的问题,用8个专题内容来帮助职初老师寻找解决问题的方法。例如:新接的班级管理毫无头绪怎么办?——学会制定班级规划;班级建设没特色怎么办?——学会班级文化建设……而每一个"怎么办"就是一个校本培训的内容。借助成熟的经验,发挥骨干班主任的育人智慧和艺术,学校招募骨干、成熟型班主任设计培训内容承担培训任务,形成有针对性的"职初班主任微课程八讲",帮助职初班主任了解工作的基本内容,掌握基本规范,锻炼基本技能,紧密结合学校班主任工作实际,很好地弥补了校外培训不贴近校内实际的缺陷。微课程的开发也锻炼和提升了学校骨干班主任的研究能力。在后续的研究中,学校坚持以专家引领、同伴互助、研训一体为原则,以微课程学习、专题研讨和案例研究为培训方式,坚持理论学习与实践探讨相结合,形成了"六步骤、五方式、二结合"校本研修模式,帮助青年班主任迅速成长,也形成了我校班主任校本研修的特色。

  立足新时代,谋求新发展,学校德育工作需要不断实践和探索。向科学有效的德育评估指数借力,将德育评估工作作为实现学校德育工作内涵提升和发展的催化剂,努力做到保底线,重规范,创特色,使"立德树人"的教育目标更好地落到实处。

06

第 六 篇

管理育人

　　管理育人是学校全方位育人的永恒主题,将管理育人真正落到实处,是扎实推进中小学德育工作的题中要义。学校要如何将社会主义核心价值观的要求运用到学校管理中,并落实在制度安排的各个环节,达到以细节见章法?

　　根据《中小学德育工作指南》的阐述,管理育人的要义是:推进学校治理现代化,从完善管理制度、明确岗位责任、加强师德师风建设、细化学生行为规范、关爱特殊群体等方面,将中小学德育工作贯穿落实到学校管理的细节之中。

　　福山花园外国语小学在"红色引擎"赋能、职初班主任培训、班级社群组建等方面积极探寻管理上的突破点。

　　一是坚持正确方向,以"红色引擎"指引学校发展。作为一所处在高起点的新建制学校,学校党建工作高度重视发挥支部战斗堡垒作用,点燃"红色引擎"赋能学校进步,凝聚师德建设"向心力"、打造教师发展"续航力"、激发学生成长"源动力"、增强学校管理"感召力",汇集学校提质创优的强进动力,实现学校可持续的优质发展。

　　二是加强队伍建设,探索职初班主任校本培训模式。职初班主任的专业发展速度与水平直接决定了学校班主任队伍的整体育人水平。在创建有效的职初班主任校本培训模式,为职初班主任的成长提供专业有效帮助,激活他们自主发展内驱力上,我们做了积极探索,形成了一定的经验和校本培训模式。

　　三是借助信息技术,建立班级社群。这项工作已经成为当下班主任老师工作中不可或缺的一部分,班主任要学会建群,学会管群,联通家长,沟通信息,融通情感,谋求民主管理班级,制度规范群体,以期达到同向发力,推进班集体发展。

"红色引擎"赋能学校提质创优的实践探索

随着中国特色社会主义进入新时代,教育的基础性、先导性、全局性地位和作用更加凸显,人民群众对更加公平、更高质量、更具个性的教育需求更为迫切。面对新形势新任务,学校改革和发展应该立足新时代背景、回应群众需求,以培养未来人才的视野,寻求学校提质创优的发展路径。习近平总书记曾在全国教育大会上强调:"加强党对教育工作的全面领导,是办好教育的根本保证。"作为一所在"福山"30年办学经验基础上,独立建制不久的年轻而却有历史的学校,福山证大外国语小学在党建工作中注重将党建工作与学校工作有机结合,以高质量党建为"红色引擎",助力学校立德树人根本任务落实,赋能学校管理和师生发展,努力实现党建中有教育味、教育中有党建味。

一、"红色引擎"赋能师德建设向心力

教师是立教之本、兴教之源,肩负"为党育人、为国育才"的使命。立教与兴教从根本上来说,要依靠一批牢固树立正确的理想信念、师德高尚、业务精湛的高素质教师队伍,以人格魅力引导学生的精神与心灵,以学术造诣开启学生的智慧之门。对于学校而言,教师同样是兴校之本、强校之源,增强每一位教师立德树人、教书育人的责任感与使命感,提升教师的职业道德是基层党组织一项长期又重要的工作。为此,我校在师德建设上点燃"红色引擎",赋能师德"向心力",引领师德信仰、凝聚师德规范。党支部科学设计和规划,把师德建设进行课程化设计,分为修心、匠心、正心三个师德培训模块,引领教师们坚定理想信念、锤炼崇高师德,助推学校向着提质创优方向蓬勃发展。

(一)修心——"抓学习"汲取精神力量

用党的政治理论武装教师头脑、指导实践、推动工作是师德建设的保障。我们围绕党的十九大精神、全国教育大会精神、习近平总书记重要讲话精神以及有关教育的法律法规等学习内容,组织"系统学""感悟学""微课学""剖析学""实践学"等多形式的学习活动,把教师的思想认识高度统一到党的教育指导方针上来。党支部还组织开展教师"阅读经典,滋养心灵"活动,帮助教师修心立身,树立为人师表、爱生敬业的师德形象。

(二)匠心——"抓典型"引导爱岗敬业

我们注重让教师"比有对象,学有目标"。支部组织开展习近平总书记提出的"四

有"好老师标准的校本化教师形象大讨论,从高位认识教师的职业角色。组织向全国教育功臣于漪老师学习,开展《我和于漪老师的故事》征文活动。组织观看《一生只为一事来》电影,开展向"最美逆行者"模范人物事迹学习活动,从优秀的榜样身上汲取精神力量。组织"我的教育故事"故事会,用身边的鲜活事例教育引导教师修身养德、爱岗敬业。

(三)正心——"抓学习"贯彻行为准则

制定教师行为准则是为了让教师明确规范和底线。党支部开展"立师德、正师风、强师德"系列培训。学习《上海市中小学幼儿园教师违反职业道德行为处理的意见》、教育部《关于印发〈严禁中小学校和在职中小学教师有偿补课的规定〉的通知》和《新时代教师职业行为十项准则》,通过专题讲座、职业道德大讨论和全体教师"师德承诺书"签约等活动帮助教师弘扬正气,遵守师德规范,提高职业素养。

党建"三心"教育,不仅有效凝聚了"师德向心力",也极大丰富了学校师德建设载体,坚持典型引路,守住职业底线,红色引擎加足马力,为教师形成弘扬高尚师德、实现教育梦赋能。

二、"红色引擎"赋能教师发展续航力

作为学生健康成长的指导者和引路人,教师需要牢固树立终身学习理念,加强学习,拓宽视野,更新知识,不断提高业务能力和教育教学质量,努力成为业务精湛、学生喜爱的高素质教师。因此,如何凝心聚力,引领全校师生立足岗位干事创业,是我校党支部始终肩负的重要责任。党支部以建立和完善"双培养"机制的实践为基础,一方面把优秀人才确定为党员的培养对象,将优秀人才及时列为入党积极分子,吸收到党组织中来;另一方面把党员教师培养成骨干教师,更好地发挥模范带头作用。发挥学校党组织战斗堡垒作用,力争成为教师的"充电宝",打造教师专业发展的"续航力"。

(一)锻造党员教师的专业素养和专业技能

提升党员专业素养和专业技能是我校党支部建设的重要内容。针对我校党员都是在教育教学第一线的教师的特点,让每位党员带头传递正能量,在党建责任区发挥党员的先锋作用,党支部开展了党员教师"亮名片"活动。

第一,"微课程设计"党员先行活动。面对线上教学新挑战,党员老师带头学习新技术,尝试新教法。党支部书记领衔学校德育团队设计开发"生活之美"校本德育微课程,党员老师参与市级优质课录制,美术、音乐、体育、德育等学科的党员老师积极参与学校"玩美课程"的设计,党员老师们带头执行学校"线上教学方案",对线上教学出现的新问题和新情况进行积极探索。

第二,"学生心理呵护"党员行动。助力学生健康成长成为党员老师"亮名片"的行动之一。与特殊学生结对是常态化工作。疫情防控的超长假期中,家庭无成人看管的学生成为全体党员老师关注的对象,党支部按照学生所在社区进行划分,组织党员老师和学生主动对接指导学生居家安全和生活小技巧,党员老师开展"暖心祝福"视频拍

摄活动,党支部开辟了网上疫情问答栏目,主动承担答疑任务,缓解了学生和家长特殊时期的焦虑心情。

（二）多途径培养骨干教师,为党组织储备优秀人才

一方面,党支部在骨干教师业务考评和选拔中强化思想考察,纠正部分骨干教师"只重视专业,忽视思想进步"的错误认识,用评价引领骨干教师思想、业务双进步。另一方面,建立一帮一机制,聘请优秀党员教师作为骨干教师的导师,做好结对思想带教工作。通过党员教师言传身教,使骨干教师不断提高自身的政治理论水平和修养。此外,邀请骨干教师参加党支部活动,在"不忘初心、牢记使命"和"四史"学习等主题教育中,邀请学科骨干教师和入党积极分子参与,同听党课,同走学习提升之路,以此推动学校骨干教师坚定信念跟党走。

学校党支部"双培养"机制的实践发动党建"红色引擎",为学校教师队伍的发展注入红色能量。

三、"红色引擎"赋能学生成长源动力

"培养什么人,怎样培养人,为谁培养人"是新时代的教育命题,需要学校用实践行动作答。坚定不移地落实红色主题教育,培养学生对党的政治认同、价值认同,是新时代立德树人的基本要求和重大使命。我校党建工作紧紧围绕"立德树人"根本任务,把培育和践行社会主义核心价值观作为教育事业改革发展的基础工程,通过红色主题教育系列活动启蒙人格初心,引导青少年坚定理想信念,厚植爱国主义情怀,让红色文化真正浸润到学生的血液中,成为学生成长的"源动力"。

（一）抓住"四史"学习教育,传承红色基因

自开展"四史"学习教育以来,学校党支部充分把握主题教育契机,将历史切入现实,从办学特色出发,以课程、教学、活动为载体,协同学校、家庭、社会的教育资源,顶层设计学生喜闻乐见的综合德育活动,开展"学四史,福山少年在行动"系列实践体验活动。将红色基因注入时代新人的血脉之中,用"红色引擎"助力学生发展。

"四史"学习中,党支部引导学生小手牵大手,开展家庭主题探究,探寻浦东开发开放的辉煌历程,讲述浦东开发开放的生动故事,彰显浦东精神,提振文化自信;假期中组织学生开展了"知史励行争章"系列活动,引导学生"对话最美奋斗者""寻找身边的优秀共产党员""悦读'四史'诗词、故事",帮助学生从身边发现历史、亲近历史、从而知史明礼、知史明德、知史励行。

党员教师立足教学岗位将自己的四史学习成果融入课堂,做到以史育人,以文化人。通过学科引领、课堂渗透、活动载体,引导学生唱红歌、奏红曲、诵红诗,用孩子们喜爱的方式,讲好"四史"故事。党支部带领学校少先队利用每周仪式,用好队员自己的宣传阵地,将"四史教育"渗透在日常少先队活动中。每周升旗仪式上,小先锋讲述身边的优秀党员故事;红领巾广播站里,队员们每周开展"学四史、话先锋"主题宣传活动,等等。党建引领下持续的活动为校园营造了浓厚的学史氛围,使学生在潜移默化

中受到感染,也将民族情、中华魂、红色根植于心中。

(二)架构劳动教育课程,筑牢红色根基

劳动教育是实施素质教育的重要内容,是培育和践行社会主义核心价值观的有效途径。习近平总书记提出"培养德智体美劳全面发展的社会主义建设者和接班人"。这里把"劳"列入学生全面发展的素养要求,丰富了新时代党的教育方针,为新时代学生发展注入红色根基。学校党支部领衔对小学阶段校本化的劳动课程进行顶层设计,以"劳动乐园"课程建设为抓手,从劳动教育课程目标、实施原则和内容等方面进行系统研究。

通过校本化的劳动教育课程学习、校内劳动、校外劳动和家务劳动四个维度的积极实践,丰富学生劳动体验,培养学生正确的劳动观点、劳动态度和习惯。通过生活实践和劳动与技术等课程的学习,提高小学生初步的劳动技能。通过校内外劳动实践,磨炼意志,陶冶情操,培养学生积极进取、探索创新的意识及他人协作的能力,为学生终身发展和人生幸福奠定基础。

四、"红色引擎"赋能学校管理感召力

党支部真正发挥在学校管理上"把方向、管大局、保落实"的作用,始终聚焦学校管理中心工作。我校党建工作以"两融合、两把关"为抓手,紧紧牵住学校发展的牛鼻子,以"红色引擎"增强管理的"感召力",引导全体教师员工响应学校号召,积极做出行动,推动学校管理工作稳中求进,进中突破,实现教育提质争优。

(一)党建"两个融合"

第一,党建与学校规划制定相融合。学校规划是学校发展的灵魂和方向,党支部参与学校发展规划的制定与实施,是形成学校发展共同愿景、激发团队智慧、推动学校民主管理的有效途径。在学校发展规划的制定与实施过程中,党支部开展广泛调研,了解各学科教师的意见建议,既激发了老师们的主人翁责任感,形成了学校的团队精神,也促进了学校的发展和学校管理的有效改进。

第二,党建与学校科研相融合。教学科研是学校中心,是老师关注的重点。党建如果与教学科研脱钩,就会成为"两张皮"。我校将党建落在科研团队建设上,党支部积极参与学校龙头课题"基于自然笔记的跨学科学习"和"小学阶段劳动教育的校本化课程体系的建设",党支部负责人承担主要研究任务,党员教师全员参与研究。党员教师的学术水平成为号召力和感染力,成为教师队伍的红色引擎;学校党组织的凝聚力和战斗力,成为学校提质创优的红色引擎。

(二)党建"两个把关"

一是学习把关。以提升管理团队学习能力为抓手,采用支部推荐阅读后人人微点评、中心组学习人人谈感想、个人读书交流等方式,让管理团队成为顺应时代快速发展的领跑者。

二是制度把关。以制度建设为抓手,党支部完善落实各项制度,制定了"三重一

大"制度、监督工作机制、沟通协调机制等制度，真正使学校党建工作与学校行政管理同筹划、同部署、同实施。用制度为每一项工作、每一个岗位建立了详细规范的同时，注重将硬性制度和柔性关怀结合起来做，让教师在和谐校园氛围中更有意愿为学校发展贡献力量。

新时代学校支部工作建在师德师风建设中，建在教育教学第一线。发动党建"红色引擎"赋能学校发展，让党建触角延伸到学校教育的每个角落，融入学校治理各环节，贯穿办学治校、立德树人全过程，赋能学生、教师的发展，成就学校发展。在"红色引擎"的驱动下，福山证大外国语小学正在通往高质量发展的道路上驰骋。

帮一把扶一程，让职初成长之路更顺畅

班主任是学校教师队伍的排头兵，职初班主任又是班主任群体中的重要组成部分。职初班主任的专业发展速度与水平直接决定了学校班主任队伍的整体育人水平。在创建有效的职初班主任校本培训模式，为职初班主任成长提供专业有效的帮助，激活他们自主发展内驱力上，福山外国语小学做了积极探索，形成了一定的经验和校本培训模式。

一、职初班主任校本培训迫在眉睫

每一年的开学季，经常会看到年轻的班主任老师手忙脚乱的工作场景，尤其是带教低年级的班主任，更是忙得连午饭都顾不得吃，但即便如此忙碌，有时班级秩序还是乱哄哄的，学生规则意识差，中高年级的学生一看到没有经验的班主任老师更是觉得有机可乘。在和一些做班主任年限不长的老师们的交流中，我们真切地感受到他们在带班过程中的困惑和烦恼：学生行为规范怎么做才会有效？怎么和强势的科任老师相处？家长不配合怎么办？问题学生影响班级纪律怎么办？应付各类问题和不断试误的过程，让职初班主任工作压力颇大。

班主任专业化问题日益受到人们的重视，特别是职初班主任队伍建设，直接影响学生的全面发展和学校德育目标的实现。当下对于职初班主任工作的培训工作，市、区级层面都非常重视，也组织了系列培训，但是由于种种原因，无法满足所有职初班主任的需求。通过开展校本化的培训，加强职初班主任队伍建设，尽快提高职初班主任的育人能力，成为学校德育工作的一项重要任务。

二、职初班主任培训的有效途径

立足于学校和教师发展的需求，避免东一榔头西一棒头的碎片化培训，我们对职初班主任的校本培训工作进行系统化思考和顶层设计。

（一）成立研究小组，理论学习先行

学校以课题立项形式开展专题研究，成立了由支部书记、骨干班主任和德育项目组成员组成的研究小组。理论导行，上接天线。我们的研究从国家层面《中小学班主任工作规定》《教育部关于进一步加强中小学班主任工作的意见》和上海市层面"十二五""十三五"期间《上海市中小学班主任培训大纲》等班主任培训工作指导性文件的学

习起步。通过文献研究,我们发现无论是国家层面还是地方层面对班主任培训都非常重视,对班主任专业化发展都提出具体要求,对各层面的班主任培训也有系统的引领。2009年教育部颁布的《中小学班主任工作规定》第十七条明确提出:"教育行政部门和学校应制订班主任培养培训规划,有组织地开展班主任岗位培训。"这更增添了我们做好"职初班主任培训研究"的信心和决心。同时,我们对职初班主任老师进行定义,把职初班主任定义为从事班主任工作年限未满五年的班主任老师。

(二)开展问卷调查,把握实际需求

1. 开展问卷调查

为使我们的校本培训设计更加贴近教师的工作实际,解决职初班主任工作实际困难,我们采用问卷调查方式,开展"职初班主任工作情况调查",收集职初班主任工作的现状、困惑和培训需求等方面的信息,为校本培训方案的适切性提供依据。问卷通过问卷星平台发放,调查问题有:①当前班主任工作中最占据您时间的是哪些工作?②当前班主任工作中您最困惑或是最难处理的问题是什么?③班主任工作中您最需要得到的校本培训内容是什么?以开放式回答形式向职初班主任老师收集信息。

2. 进行问卷分析整理

本次问卷的对象为我校的29位职初班主任教师,我们一共回收到29份答卷,回收率为100%。我们对3个问题回答中比较集中的前4个答案进行了统计(见图6-1、图6-2、图6-3)。

作为职初班主任,当前班主任工作中最占据您时间的是哪些工作?

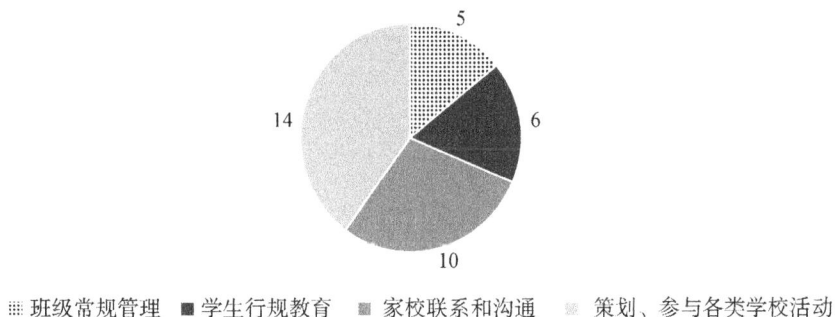

▨班级常规管理 ■学生行规教育 ▤家校联系和沟通 ▦策划、参与各类学校活动

图6-1 职初班主任工作时间与内容占比

如图所示,我们可以清楚地感受到职初班主任在实际工作中的压力和困惑,学生的一切问题与班主任挂钩,每天总有突发事件等待处理,同时还要协调师生关系、生生关系、家校关系等,尤其是特殊学生的教育和家校联系中与配合不畅的家长的沟通更是困难重重。职初班主任虽然很想把每一件事都做好,可是由于缺乏经验,往往付出更多的时间和精力,结果却并不理想。问卷反映了职初班主任们希望通过带教和培训得到帮助的愿望非常强烈。

当前班主任工作中您最困惑或是最难处理的问题是什么?

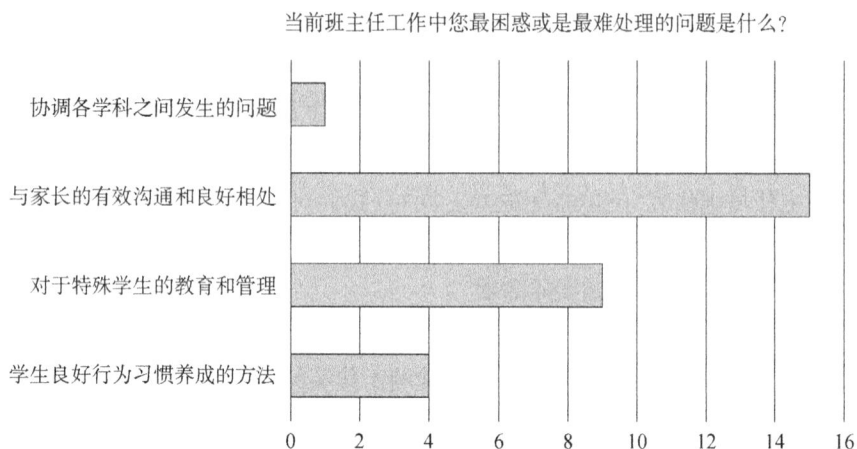

图 6‑2　班主任工作的困惑或难处理问题

班主任工作中您最需要得到的校本培训内容是什么?

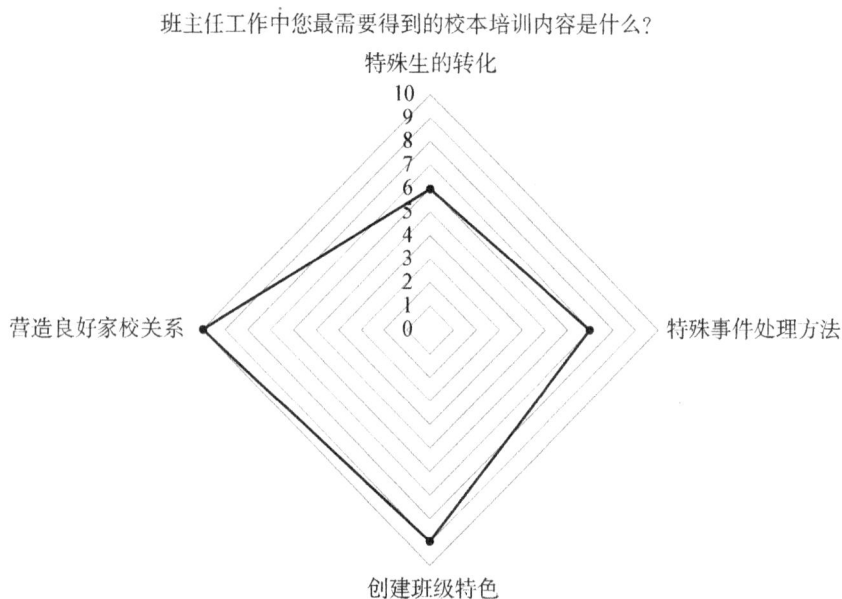

图 6‑3　班主任期望得到的校本培训内容

(三) 遵循按需施教,确立培训方案

根据问卷调查的分析情况,课题组成员从校情与职初班主任需求出发,参照"上海市十三五班主任培训大纲"中关于班主任在职培训部分的内容,全面制定了职初班主任校本培训方案,初步架构了职初班主任校本培训框架。坚持以专家引领、同伴互助、研训一体为原则,以微课程学习、专题研讨和案例研究为培训方式,坚持理论学习与实践探讨相结合,凸显实践性。培训内容则主要围绕职初班主任最为困惑的问题:新接的班级管理毫无头绪怎么办?——学会制定班级规划;班级建设没特色怎么办?——学会班级文化建设;不会系统开展学生规范养成怎么办?——学会开展行规教育;一

搞活动就忙碌无序怎么办？——学会开展班级活动；应对特殊学生怎么办？——学会个别化教育技巧；面对家校沟通怎么办？——学会有效家校沟通合作；遇到突发事件怎么办？——学会突发事件的处理；撰写学生评语无个性怎么办？——学会个性化评价。我们用八个专题内容来帮助职初老师找到处理问题的方法。

（四）借助成熟经验，形成校本培训微课

我们用微课培训的方式解决实际问题，上述八个"怎么办"中的每一个都是培训内容。借助有经验的老教师和骨干班主任的力量让培训更接地气是我们的成功经验。学校向全体骨干和成熟型班主任发出招募令，招募八个培训微课的开发与设计者。风趣的招募令和诚恳的邀请很快让众多骨干班主任纷纷请缨，他们或是个人或是团队主动承担起课程开发的任务。群策群力，智慧相碰，我们在短短的一个月时间里初步确定了"职初班主任八个怎么办"系列培训中的四个课程的内容。例如：我们确立的"一搞活动就忙碌无序怎么办？——学会开展班级活动"这一单元的培训目标是，了解学校和班级活动的育人功能，掌握活动设计与组织的基本内容和策略，学会根据教育要求和学生实际选择主题开展活动，勤于实践、善于反思，提升班级活动的策划和组织能力。"微课"设计者从如何开展校内特色主题教育活动入手，让新班主任了解学校有哪些常规和特色活动，做到心中有底。然后又从主题教育活动的选题和准备等操作层面上给予具体指导，让老师们清楚地知道实施具体活动的操作流程和策略。这一单元还涉及了班级校外活动的开展，从课外活动的组织形式和活动内容等方面进行指导，把一些骨干老师们的成功做法提供给职初班主任老师。新老师们对成熟班主任那里学到了善于利用家长资源，引导家长们围绕学校中心活动开展活动的做法。后续陆续推出的"职初班主任培训微课"经过不断改进更加具体、生动，为帮助职初班主任了解班主任工作的基本内容，掌握基本规范，锻炼基本技能，解决实际困惑指明了方向。

（五）注重体验反思，展开实践培训

1. 专家引领，同伴互助

在职初教师班主任工作校本培训中，我们采用和专家合作培训的方式，引进市区的一些成功培训经验，给老师们带来最前沿的研训成果。例如，邀请市、区德育骨干教师用"代入式情景表演"的方式探讨班主任情景案例，由职初班主任和骨干班主任组合当场模拟教育情景。这样的培训在考验老师们处理两难问题的同时，也启发了每一位班主任老师对当下教育问题的思考，使教师由"被动接受者转变为主动的创造者"，及时把有益的思想内化，也使骨干班主任与职初班主任建立起合作伙伴关系，及时沟通，解决问题。

2. 情景交融，浸润智慧

案例培训学习也是提高职初班主任的工作能力的有效途径。职初班主任老师面临大量的教育问题，这些问题是情景性的，没有固定的、唯一的解决模式，要求教师有实践的智慧，而这种智慧来自大量的实践积累和自我反思。通过案例学习，职初班主任不仅掌握了具体问题的解决方法或技术，而且学会分析和决策。例如在"家访的艺

术"案例培训中,职初班主任们通过对几个生动鲜活的家访案例的分析,掌握了班主任家访的规范要求和遇到各类情况后的应对策略。

三、职初班主任校本培训的模式和成效

(一)职初班主任培训的"六步骤、五方式、二结合"模式

1. 六步骤

第一步明确相关职能部门职责;第二步根据需求制定长远的培训计划;第三步科学设置培训内容;第四步设计开发基于网络的微课程;第五步采用多样化培训方式;第六步形成良性的激励评价方式。

2. 五方式

(1)交流互动式:我们开展的"情景代入式"培训,变"一人讲、众人听"的纯集中讲座模式为专题讲座与教师参与分享结合起来的"交流互动式",交流互动中即时生成问题,促进思想碰撞,对施培者和受培者都有收获。

(2)微课培训式:骨干教师将班主任工作的实践经验和教育智慧通过视频拍摄和微型课程讲解的形式开展培训,线上线下,紧密结合,充分发挥网络优势,使培训变得灵活便捷。每一个单元的培训后,我们还布置职初老师们完成实践作业,作业的设计也紧紧围绕当月学校中心工作,让老师们在学习后有充分实践的机会,也更能体现培训的成效。例如"班级建设没特色怎么办?——学会班级文化建设"这一单元培训结束后,我们要求职初班主任老师尝试设计象征班级的名称符号,"让每一面墙壁会说话"的班级墙面布置、和学生们一起进行一次班级公约的讨论等作业,让老师们根据自己班级学生的特点和班级发展规划,初步找到自己班级文化建设中的特色方向。

(3)案例讨论式:职初教师面对复杂多变的教育实践,缺乏经验,通过案例的交流和探讨,他们可以从鲜活的案例中找到实践智慧。通过案例学习,职初班主任不仅掌握了具体问题的解决方法或技术,而且学会分析和决策。我们倡导职初老师基于案例学习,听中学,做中学,听懂了说出来,会做了写出来。我们鼓励师徒就教育中的一些疑难问题开展合作研究,通过案例分享讨论,产生思想碰撞、合作研究的机会,促进各层面班主任工作艺术的提升。

(4)成长跟踪式:职初教师最需要的就是扶一把,带一程,引上路,需要通过跟踪式的培养加快他们的成长进程。我校对职初班主任采用三年成长跟踪,要求职初班主任老师制定三年规划,安排骨干班主任和年级组带教跟踪,对职初班主任每一年的成长情况进行评价。

(5)自我发展式:经验告诉我们,参加培训活动后的个体反思与实践,才是更有深度、更有价值的学习。反思是教师专业成长的阶梯,善于反思的人往往是成长最快的人。参加培训是感性的,反思却是走向理性、走向成熟、走向深刻的开始。所谓的"经验加反思等于专业成长",讲的就是这个道理。因此,我们在职初班主任培训中,在设计各种培训模式的同时把自主发展式贯穿始终。通过制定职初班主任自主发展目

标、引导阅读自学、鼓励职初教师撰写成长故事、教育案例等方法促进教师的自主
发展。

3. 四激励

充分发挥激励作用,建立激励机制。激励是管理工作中非常重要的一部分,职初
班主任面临的困难和挑战比一般教师更大,更需要不断激励。

(1)责任激励。从责任上激励班主任,通过制定职初班主任个人发展三年规划,
强化班主任的角色意识和对工作责任的认识,激励和鞭策班主任敬业乐业。

(2)目标激励。根据工作目标来引导、激励和规范班主任工作行为。通过开展优
秀班主任和特色班主任评选等活动,目标逐步分解,层层推进,加快职初班主任向特色
班级建设发展的进程。

(3)情感激励。"三分管理七分情",学校尊重、信任职初班主任,鼓励他们大胆实
践,采用师徒结对及时解决他们带班育人过程中的问题和困惑。

(4)评价激励。利用德育广播、德育小报、班主任例会等各种阵地来激励和发扬
职初班主任老师的点滴进步。开展班主任工作月考核和年度考核评价,鼓励先进。

(二)在校本培训中收获

1. 收获了一批善于思考和勇于实践的职初班主任

前期有培训,身边有榜样,问题有咨询,心中有底气,职初班主任对问题不再畏惧。
职初班主任们通过撰写教育反思、教育案例,在实践中不断积累班主任工作经验,增长
教育智慧,从青涩慢慢走向成熟。

2. 锻炼了一支骨干班主任队伍

校本培训过程中,除了实现对职初班主任的提升,骨干班主任老师在引领中突破
教育难点,也实现了专业能力新的飞跃。这对我们学校德育干部团队也是一次提升,
在研究过程中,通过对班主任系统化培训的思考,对日常班主任工作的梳理,德育干部
团队在研究能力上有了提升。

四、思考和展望

虽然我们在实践中有了初步收获,但是学无止境,我们还有一些需要改进和继续
研究的地方。一是我们在日常管理中对职初班主任布置任务的多,给予展示的平台
少。今后除了加强培训和自我反思之外,更要给职初教师展示和交流的机会。二是对
职初班主任专业发展的评价这个难点的突破不够。目前,学校推出特色班级和特色班
主任评价,这是对职初班主任发展的一种引领,但还没有形成专项评价。激励性评价
机制对职初班主任职业信心和动力有不可估量的作用,但是如何开展切实有效的评
价,在评价的目标、内容、形式、方法等方面有突破,这些都是我们需要进一步思考和解
决的问题。

突破难点,深化对职初班主任校本培训的研究,我们需要继续完善校本微课。在
已经开讲的"职初班主任八个怎么办"微课培训基础上,根据职初班主任培训反馈意

见,继续调整和补充培训内容,形成《职初班主任"N"怎么办》的校本培训课程。力争突破评价研究,进一步开展"职初班主任专业发展性评价指标"的研究,集中力量,借鉴经验,更发挥学校骨干班主任的力量,攻坚克难,在评价的目标、内容、形式、方法等方面有突破,使其更符合教师的发展需求,更具引领性。创设展示机会与平台,通过举办校内或校际班主任论坛或研讨会、推荐参加区内外各种交流会议等,为职初班主任展示教育实践智慧搭建多元化的平台,让其初步体验成长的愉悦,进一步激发教育热情和教育责任感、使命感。

不会建群怎么办？

——学会建立社群

建立班级社群已经成为当下班主任老师工作中不可或缺的一部分,如果你是一个班主任但还不会建群,或者已经建立了班级社群却不会管理,怎么办? 今天我们就一起来学学怎样建立一个社群。我们将从四个方面来讨论这个话题。

一、情景导入

步入中年的张老师刚送走一批五年级的学生,这学期张老师又开始任教一年级,成为一年级的班主任老师。张老师是位有着丰富教育经验的老师,她知道一年级是孩子学习的起步阶段,孩子刚进入一个新的环境,家长普遍是不放心的,他们常常会担心很多问题:孩子是否能适应学校生活? 值日了会不会打扫? 午饭吃得好不好? 上课能不能认真听? 孩子们下课了做些什么呢? 小学一年级各学科的学习要求是什么? ……所以担任一年级班主任工作的张老师都要比平时花更多的时间和精力与家长联系沟通。以往张老师与家长们沟通最常用的方式是使用电话和短信,她一直秉持着当面说是最好的办法。可是她渐渐也发现了一些问题,有时候打了电话,家长没接,家长回电过来,她又在上课,结果事情还是没有及时解决,只能晚上回家继续。有时一个晚上有好几位家长会电话或短信咨询差不多的问题,她总是重复地回答不同家长的类似问题。时间久了,张老师觉得这种点对点的逐个回应的方法,无论从工作量上还是从工作效率上而言都有些不合适。

看着办公室里的老师们多数开始使用微信、QQ 和晓黑板等各式各样的网络沟通工具,张老师通过几天的观察和请教,渐渐对建立班级社群有了一些初步的了解,她看到隔壁班级的小李老师在自己班级群里发布学生用餐时的照片,在群里发消息提醒孩子穿校服。她还看到有经验的王老师在班级群里推送培养孩子学习习惯的好方法的文章,让家长们学习。张老师越了解越觉得班级社群建立很有必要,巴不得马上就学会。可就在张老师信心满满准备学习建立班级社群之际,办公室里已经建立班级社群的老师们都纷纷向张老师吐槽,有的老师说自从有了班级社群,感觉自己被"绑架"了,群里信息泛滥:有家长把孩子各类活动照片晒在群里求点赞,有家长在微信上询问孩子在校情况,有的发小广告、代购,也有家长因为孩子间矛盾,护子心切在群里开战,也有一些不理解老师做法的家长在群里公开指责老师,又多又杂的内容让老师们疲惫不堪。

到底该不该建立班级社群？又该如何建群？这个问题困扰着张老师和与张老师有着同样想法的老师们。

二、问题归因

（一）主动回应信息化发展的意识是前提

张老师们为什么会有这样的困扰？让我们来帮他们找找原因。仔细分析不难发现，随着科技的迅猛发展，信息技术对教育的影响已是不可估量。新时期的教师应跟上时代变迁的步伐，主动适应信息化时代。像张老师这样一批经验型的老教师，在接受网络信息化的过程中主动适应现代化的意识不强，他们习惯用老的方式方法解决问题，习惯凭借经验做事，当网络等新型方法和手段打破了他们以往的传统教育方法，甚至于无法再运用以往的经验来解决问题时，这些老师就会产生畏难和逃避的情绪，就会在外显的行为上比较保守，不太容易改变传统的方法。所以对于接受班级群等新鲜事物会犹豫不决。

（二）信息技术能力提升是关键

应对教育的信息化发展，实际上需要包括教育观念、教育管理、教育内容等在内的教育体系的信息化，而具备回应信息化发展的能力是保障。张老师们对建立班级社群犹豫不决的第二个原因就是对信息技术掌握的能力不够，一些新型的信息技术学起来并非想象的那么简单，须要一步一步地操作，有时候按错一个键会发出错误的内容，也不知道如何马上更正。此外一些技术在不断地更新，新的功能不断地出现，老师们往往是还没有完全掌握基本操作，又要掌握新的内容，导致他们学习新技术和运用新技术的主动性不够，所以当新型的教育方式和手段出现之际，便显得束手无策。

（三）社群管理经验缺乏是根本

第三个原因是缺乏社群管理经验。"家长微信社群"虽然带来了沟通的便利，但一些家长的行为让微信群"变了味"，给老师和家长们增添了许多烦恼。张老师虽然感受到了微信群的便捷，但是对于后续出现的问题和矛盾很是焦虑，这些新的矛盾又不是一下子可以解决的，由于担心自己无法应对这些问题和矛盾，张老师始终停步不前。

三、理论分析

（一）为什么要建立班级微信类社群

班级社群建立的利与弊分析如表 6-1 所示。家校微信群带来的沟通便捷的同时，其弊端也是显而易见的。如何将班级这类社群使用得当，使之利于教育工作开展？如何发挥社群积极的教育功能，使之不成为家长的吐槽群、恩怨群？我们首先要明白班级社群该发挥哪些功能。

表 6 – 1　班级社群建立的利与弊分析

优　势	弊　端
拉近了老师与家长,家长与家长间的距离	"过度沟通""信息超载"干扰工作和生活
免费、便捷、图文视频均可发送	群里人员混杂,不便管理
及时展现学生在校动态信息	容易引发群体事件
促进班级建设、班级管理	容易泄漏隐私
为家长育儿指点迷津	让孩子过早接触网络,不便于家长管理
……	……

(二)班级社群应该发挥的功能

1. 发布重要信息,一目了然

微信作为目前较为便捷的一种沟通方式,其最大的优势就是信息传递的快速。班主任老师有一些通知和班级活动之类的讯息,需要群成员一起配合完成的可以在微信群里公布,比如春秋游活动需要家长为孩子们准备的物品;节假日的安排等;其次学科老师会把教学需要和相应的学习要求在群里告知大家;对于一些生病在家的孩子,没有办法掌握学校的学习内容时,老师可以直接把上课需要的一些资料和图片发于群中,供大家参考。

2. 共享教育资源,解疑释惑

孩子是学着做学生,同样,家长也是在学着做家长。在孩子入学以后,他们同样会遇到许多的困惑,比如如何处理孩子的逆反心理、不良的学习习惯等一些心理上和行为上的问题。班主任老师可以根据自己班级孩子们的特点,在班级群里推荐一些优质的学习资源和好的文章,让家长们了解科学教育方法,虽然这些资源并不能完全解决大家的问题,但是在某种程度上,给予了家长不同的思路和想法,再加上教师和群里其他家长们的沟通讨论,会让家庭教育更有针对性和专业性。

3. 记录生活点滴,丰富经历

微信是一种沟通工具,如何利用好这个工具需要班主任用充满智慧的方法。班主任可以经常在群里提供孩子在校学习生活和活动的照片,如上课、用餐、劳动、课间活动、兴趣小组等这些照片反映出老师们对于学生的用心,同时让家长感受到孩子们在校一天的生活是充实而快乐的,及时知晓可以让家长们更放心。

四、实践支招

(一)如何成功建立一个班级社群

"工欲善其事,必先利其器",要实现生生、家校、师生之间的便捷交流,必须首先选择一个合适的媒介,在此分享几种常用的交流工具(见表 6 – 2)。每一个工具都有其利弊,只要我们找到适合的,满足需求的就行。

表6-2 各种交流工具的利弊分析

交流工具	优　点	缺　点
微信群	(1) 使用面广,不用单独下载安装 (2) 人人都会用,操作方便 (3) 具有很多多媒体功能	(1) 信息更新覆盖快,重要消息无法确认家长收到 (2) 成员间互相沟通过于便利,易引发群体事件 (3) 家长可以随时在群里提问,老师工作任务加大 (4) 信息数据大,信息不容易查找 (5) 个人隐私难以保护
QQ群	(1) 使用面较广 (2) 即时沟通,交流方便,互动性强 (3) 可发送各类群文件,可对文件进行分类管理	(1) 家长使用率没有微信高,导致部分家长常忘记收消息 (2) 手机端用户无法查看群公告,电脑端群公告栏不明显,易被用户忽略 (3) 成员间互相沟通过于便利,易引起群体事件 (4) 无法确认家长是否收到 (5) 信息数据大,更新覆盖快,信息不容易查找
晓黑板	为教师工作量身定制: (1) 反馈管理:自动统计家长是否收到 (2) 消息使命必达:如果家长没看,系统自动转成短信,如果再不看,系统可以转成电话读给家长听 (3) 便于发起调查问卷,班级情况随时掌握 (4) 规避群体事件:当老师发起"晓讨论",家长才可以讨论 (5) 设置工作时间,减少非工作时间过多打扰,避免成为24小时客服 (6) 配合"晓活动""晓成长"功能,轻松搞定活动配合和家校共育 (7) 信息分模块汇总,便于查找、总结	新软件,需要家长配合下载使用

(二) 班级社群需要维护和管理

随着"见面加微信"成为习惯性动作,各类与工作、生活有关的微信群层出不穷,微信已变成通用型社交平台。其中的人际连接逻辑,也经历了从熟人到"弱联系"直至"陌生化"的切换。班级微信群便是这样一个样本。由于子女同班,家长被拉入同一个微信群中,可事实上,他们的关系是"半生不熟"的,很多甚至纯属陌生人。在这样的群里,不会自动发育出一套完整的"社交礼仪",被动有限度的"自由"才是确保班级社群能理性并长期经营的关键。因此,班级社群的管理很重要。

1. 发挥老师的社群主导作用

教师是管理班级群组的第一责任人。教师要用自己的专业主动引领班级社群组织，加强家校之间的互动和交流。班级社群就像一个网上班级家园，教师可以利用新媒体传递信息快捷、互动频繁等特性，在虚拟组织中指导和服务家长。

2. 确认班级群成员，培养群里积极分子

确定哪些人可加入，对社群建设很重要，如果以班级学生家长为社群主要对象，则要避免闲杂人员的加入，以免造成管理漏洞。一般在一个微信社群里总有一小部分积极分子，他们是真正的合作者，认同老师的带班理念和教育方法，甚至会帮助老师解答群里疑问。对于这样的积极分子，老师们要认真对待，细心呵护，使他们的正能量影响整个群的舆情。

3. 对群制定相应规定，建立良好的交流环境

班级社群应该有群规，群主在建群时就应公布"群规"，就发布内容及发布时间"约法三章"。老师委婉提醒家长，不发和群无关的信息。确立规则后老师要做好引导，对全体社群成员进行"群规"的宣传，营造良好的沟通交流环境，避免各类不相关内容的发布和传播。

4. 传统家校沟通方式必不可少

在互联网发达的今天，传统的家校沟通仍然必不可少。电话联系仍然发挥着其他家校联系无法比拟的重要作用。传统家访也是家校沟通的重要保障。在"家"的环境里，容易营造一种特殊的氛围，叫作"亲情"。有些很难解决的问题，在这种氛围中会迎刃而解。这就是传统家访的魅力所在，也是网络沟通无法替代的原因所在。

07

第七篇
协同育人

家、校、社协同育人中，家庭教育是基础，学校教育是关键，社会教育是家庭教育和学校教育的延伸，三者相辅相成、相互促进。家校如何协同，拓展学校教育的边界?

根据《中小学德育工作指南》的阐述，协同育人的要义是：加强对家庭教育的指导，构建社会共育机制，争取家庭、社会共同参与和支持学校的德育工作。福山集团学校抓住"联合会""父职""沟通"三个节点进行探索。

一是建立家校联合会。架构新型的家校合作模式，更好地发掘和运用家长中的人力资源。让家长参与学校管理，可以更好地为学生成长提供良好的环境和条件，同时促进家长对学校的了解和对教育的理解，实现学校家庭教育指导双向交流。在不断探索和研究家校合作模式的过程中，我们以点带面，课题引领，充分实践，形成了有特色的学校家庭教育指导模式。

二是激发父职的教育作用。相关的调查研究表明，父亲在参与子女教育中的程度和频率远远不如母亲，孩子在成长过程中"缺乏父教"的现象比比皆是，进而逐步演化成"男孩危机"。挖掘父亲参与学校教育活动的途径和方法，引导父亲参与到学校教育活动中来，可以更充分地发挥父亲在教育中的角色作用与职责。

三是探索信息化背景下的家校沟通。当前，信息化背景下的家校沟通途径不断更迭推新，我们对家校沟通中的新途径的特征进行分类整理和归纳、比较，帮助基层教师学会合理使用新媒体工具，丰富家校沟通的相关理论，解决家长和教师在运用新媒体工具沟通中面临的问题，促进基于网络平台的家校合作顺利开展。

家校联合会

——学校家庭教育指导新模式

　　家庭和学校是儿童成长的两个最重要的场所,对儿童的成长影响最大、也最为直接,"家校合作"是现代教育发展的必然趋势,是孩子健康成长的保障。于是"家校合作,共创一流"成了我校家庭教育的宗旨。

　　多年前,福山外国语小学的家庭教育指导工作,如成立家长委员会,开设家长学校,举办专题讲座,定期召开家长会,设立家长接待日等,已形成一套常规制度。但是,我们发现这样的家庭教育指导工作还是单向的,如何让家长和学校的合作更加密切?如何建立双向家庭教育指导模式?

　　基于上述思考,我校成立了家校联合会。通过架构新型的家校合作模式,更好地发掘和运用家长中的人力资源,让家长参与学校管理,更好地为学生成长提供良好的环境和条件,同时促进家长对学校的了解和对教育的理解,实现学校家庭教育指导双向交流。在不断探索和研究家校合作模式的过程中,以点带面,课题引领,充分实践,形成了有特色的学校家庭教育指导模式。

一、完善工作机制,开展双向交流

　　家校联合会是一个群众性组织,一方面,学校需要向家长宣传学校的教育教学理念和育人目标,宣传每学期学校的重点工作和主题活动,引导家长围绕学校的总体目标有序开展家校联合会工作。另一方面,关注家长进校园后的过程管理,家校联合会在学校教育中起到管理监督、辅助支持的作用,对象不单是自己的孩子而是全体的学生,正是因为家长们都能无私地奉献一片爱心,才能使得这项工作收获最大的成效。

(一)完善组织架构,明确职责任务

　　"家校联合会"由在校学生家长和教师代表组成,是在主任和副主任的主持及顾问团的指导和协助下开展工作的群众性组织,是学生家长直接参与学校教育、教学和管理工作的一种组织形式。

　　家校联合会下设宣传组、资源组、活动组、义工组。宣传组负责家校会的文件、资料及档案、会议记录、会议通知、信息收集等;资源组为学校工作开展及学生成长提供各类资源;活动组负责协助学校开展各类活动,对学生进行各类辅导讲座,组织各类社会实践教育活动,如参观、班级假日小队活动等;义工组负责学生上学、放学时交通秩

序维护、学生安全检查、义务为学生提供各项服务。

我们制定了家校联合会组织章程,明晰权利与义务责任。家校联合会领导机构设主任2人,其中一位主任由家长担任,另一位主任由校方具体负责的老师担任;副主任4人,由4名家长担任;顾问团成员由学校校长、副校长和家庭教育专业人士组成。家校联合会的委员由关心支持学校、年级或班级各项工作的在校学生家长组成。委员可由家长自荐和推荐,经学校核实和协商确定。委员任期一年,可连选连任。一旦学生离校后,则退出本会工作。

家校联合会每学期第二个月召开一次全体会员会议。各级家校联合会组织可定期或不定期召开会议商讨相关工作,校领导可列席家校联合会有关会议。

(二)定期指导交流,提升工作品质

在班级家长会上,教师对班级中参与家校联合会工作的家长给予评价、鼓励与指导。班级每学期制定活动计划,对一学期的活动有全盘的规划。

学校每学期召开家校联合会工作会议,介绍学校中心工作。组织家长开展家庭教育知识和学生教育活动等方面的学习、讨论、交流。每学年评选家校联合会"优秀福爸福妈"和"特色家庭",宣传他们的好做法,为其他家长提供借鉴与帮助。

学校设立专题网站,提供家校联合会信息平台,公布活动内容,交流活动心得,使学校、教师能具体指导和协助家长参与教育事务,更好地服务于学生。

二、拓宽实践领域,构建合作多元

随着家校联合会工作的不断深入,根据学校育人目标以及顺应时代发展要求,逐渐形成了更多元、更深入的家校互动路径,更好地整合了家校教育力量。

(一)建章立制,促进班级社群发展

随着互联网的迅猛发展,班级QQ群和班级微信群的建立,为大家创建了一个学习、交流和讨论的互动空间。班级社群虽然带来了交流的便利,但很多家长的行为让微信群"变了味",学校将互联网时代的新问题交与学校家校联合会,在校家校联合会层面进行充分讨论寻找解决办法。最终家校联合会主任们达成共识,提出了班级社群管理的几条意见:一是发挥老师的社群主导作用。二是培养群里积极分子,发挥群的正能量。三是制定相应群规,建立良好的交流环境。

(二)多样选择,家长学校课程个性化

福山外国语小学的家长学校每学期都会邀请来自不同领域的专家,举办面向家长的讲座,从资深的家庭教育研究者、心理学专家到具有丰富实践经验的教师、甚至是毕业生家长等,一场场精彩的讲座吸引了家长积极参与,家长们从中获得更多的思考和实践方法,不断地改善家庭教育。

每一次家长学校都根据家长的需求提供讲座菜单,让家长自由选择参与,引导家长反思自我,改进教育方法。每次讲座都有互动环节,解答家长在家庭教育过程中的困惑。如2016学年第一学期,学校提供了三场家庭教育讲座:《专注、姿势、情绪与学

习效能《让孩子爱上阅读》《亲子关系对孩子学习兴趣与全面成长的影响》,面向不同年龄层次,有着不同需求的家长。家长学校作为提升广大家长教育理念和方法的主渠道,为家长们提供了再学习的机会,使学校和家庭双方在更多沟通下更好开展孩子的教育活动。

(三) 搭建平台,鼓励家长参与孩子成长

学校除了每月 20 日向全体家长开放听课外,还在学生主题活动的设计中,注重发挥家校联合会的作用,引导家长在积极参与的过程中,了解学校,了解孩子,与孩子一同分享成长快乐的同时提升自身的教育理念和水平。

"三八"妇女节期间,学校通过一次秘密行动,要求学生邀请爸爸一起制定行动方案,给家中的女性长辈送上一份特殊的节日礼物。在学校大型的集会活动中,学校邀请家长与孩子一起登上舞台展现风采。每年的外语节活动,更是父母参与学校教育活动的最佳时机,家长根据福山外语节确立的主题带领孩子外出参观、探究实践、手工制作,他们的参与使教育的作用最大化。

指导学生开展各类社会性的公益活动,也成为家校联合会常规的主题活动。福山的家校联合会为学生的校外实践活动搭建了平台,如地球一小时环保行动、"整理小书橱"毕业班学生的捐书行动、学雷锋社区行动等活动,让"福娃"有更多的机会去服务他人,服务社会,从小懂得回报社会给予我们的关爱。家校联合会的美名也在各个社区传播。

(四) 开展义工志愿服务,安全校园创和谐

学校的家长义工团队是福山最亮丽的一道紫色风景线,清晨校门口的安全护校行动、午间操场上开展阳光体育活动、校园开放活动中的秩序维持、学校各项活动中的摄影摄像……家长们在义工工作群内分享经验、提出建议、传递快乐。

三、推进父母课堂,丰富课程资源

家长进课堂活动调动了社会资源让学生的课堂更为丰富,有更多收益的一项活动,家长们或是根据自身的职业、特长,或是挖掘身边的资源,给学生带来最鲜活、最生动的学习内容。零散的课堂有机组合,形成了有系列的课程,如:理财俱乐部、学法小达人、海洋社团、绘本阅读社、爸爸教国学等,家长进课堂也成了学生们每周最为期待的时刻。

(一) 主题化课程,延伸课本知识

课堂上,家长们凭借丰富的人生阅历、自身专业和特长,精心备课,带给孩子全新的上课感受。各班开设的主题化课堂大致涉及社会领域、健康领域、科学领域、文化领域、艺术领域、成长领域等。这类课程重在提高孩子对自身的认识、对科学的热爱、对艺术的兴趣、意志品质的培养等。主题化的课程既提高了学生的学习兴趣,也是对学校课堂教学的延伸和有益补充。

（二）体验性课程，拓展孩子视野

家长们经常把各种实物带来教室给孩子们实际观摩、触摸。比如把地球仪带进课堂，让孩子们了解世界，还有体验各种味觉，实践演练自救自护，拼装乐高玩具等。

为了让孩子们拥有更多的社会体验，家长们积极谋划各类活动，如世纪公园探险找宝行动、夜宿海洋馆活动、一天自我生存挑战、郊野花园 10 岁集体生日活动等。家校联合会还组织各种体育运动，爸爸们陪孩子打篮球，既当教练、陪练，又当裁判。

（三）操作类课堂，发散创造思维

在实验课堂上，孩子们怀着浓厚的兴趣，抱着积极的态度，以愉快的心情去参与实验活动，从而体验到学习是一种无穷的乐趣。家长和孩子们共同做"让鸡蛋浮起来"实验，让孩子们看到盐水的浮力；参加"纸飞机"实验，和孩子们共同研究了怎样的纸飞机才能飞得更高更远……有趣的实验体验不但能激发学生学习的兴趣，而且还培养了孩子们科学的思维方式。

（四）专题性讲座，提高学习兴趣

由家长们开设的专题讲座大多围绕自己的职业、兴趣爱好、专长及孩子成长中迫切需要了解的知识展开。丰富的、有趣的内容增长了孩子们的知识，使他们对世界万物和各行各业都充满了无限的向往。

四、深化课题引领，彰显合作特色

家校联合会作为一种新的家庭教育指导模式，它的优势正在慢慢显现。

近年来，学校通过调研和家长问卷发现，在孩子的成长过程中，父教缺失已是家教中的普遍存在的问题。因此为了进一步发挥父亲在儿童教育中的职责作用，转变父亲的教育观念，优化父亲的教育行为，学校通过问卷调查、经验总结、案例研究等方法，充分挖掘学生父亲的优质资源，梳理父职参与学校教育活动的内容，构建父亲参与学校活动的组织管理模式，形成符合学校实际的家校合作沟通平台，进行学校活动课程的开发和建设，促进学生综合素质的提高。

学校构建了父亲参与学校活动的组织管理模式，通过指导父亲参与学校活动课程的建设，举办各种活动，建立互动平台，积极给予鼓励，发挥父亲在教育中的角色作用与职责。2015 年 3 月，上海学校德育"德尚"课题"小学教育活动中引导父职参与的实践研究"顺利结题。

近年来，我校的家庭教育指导工作取得了一定的成效，在每学年的家长问卷调查中，家长对学校开始开展家庭教育指导满意率达 95% 以上。学校还定期给周边的幼儿园家长提供专题讲座。我校梁莉老师、陈继红老师受社区邀请，利用双休日以及寒暑假开展教育服务活动。

多元合作让家校交流更加便捷，让家校工作更加透明，让家校沟通更顺应时代发展；合作互动让家校教育理念更趋融合，让家校教育行为更加默契，让教师、家长更多理解。我校通过家校联合会架构新型家校合作模式,使家庭教育指导从单向灌输转为双向互动,家校持续发力,让学生成长最大限度润泽于家校合力中,健康成长,育人成效显著。

小学教育活动中引导父职参与的实践研究

　　心理学家埃里克森的儿童发展理论认为：在不同儿童发展阶段，父亲的职责和角色功能各不相同。但随着孩子的成长，父亲角色涉入的愈多，对孩子生活影响的重要性越高。父亲对孩子的发展有着独特的影响，其角色是无法由他人取代的。

　　然而，近年许多相关的调查研究表明，父亲在子女教育中的参与程度和频率远远不如母亲，孩子在成长过程中"缺乏父教"的现象比比皆是，进而逐步演化成"男孩危机"，引起了人们的广泛重视。

　　学校作为学生成长的重要场所，如何利用自身的优势力量，引导父亲参与到学校教育活动中来，从而更充分地发挥父亲在教育中的角色作用与职责，成了小学教育工作者不得不思考的一个课题。

　　在近一年的教育实践过程中，我带领福山外国语小学的德育团队努力挖掘父亲参与学校教育活动的途径和方法，积累了一些值得借鉴的经验。

一、引导父亲参与亲子教育培训，唤醒父职参与的意识

　　"意识决定行为"。有些父亲并没有认识到做父亲的责任，更不知道如何发挥自己的职责和作用。因此，根据不同年龄段学生的发展和需求对父亲进行系统的培训，让父亲们认识父职参与的重要性和参与方法，显得十分重要。

　　为此，学校开展了一系列亲子教育讲座，邀请儿童心理专家陈默老师和 PET 父母效能训练讲师毛燕青老师对家长进行亲子教育培训，并重点讲述了父亲在家庭中的地位和对学生身心发展所起到的重要作用，以唤醒更多的父亲参与子女教育的意识。

　　通过聆听讲座和参加学习，家长们意识到了父亲在孩子成长过程中的重要性，对自己的角色作用和职责有了明确的认识。通过问卷调查，有 56% 的父亲对自己以前过少参与孩子的教育活动感到后悔；有 90% 的父亲表示会增加每天与孩子相处的时间；有 85% 的父亲认为教育孩子是父亲的职责。

二、引导父亲参与学校活动，提高父职参与的兴趣

　　孩子们的大部分时间是在学校里度过的，学校通过家长问卷汇总分析，用数据让爸爸们直观认识到父亲参与孩子成长的情况和问题。针对以往学校活动缺少爸爸身影的现象，鼓励父亲走进校园，走近孩子生活，陪伴孩子健康成长。

每月的 20 日是我校校园开放日,我们邀请爸爸们走进校园,参加升旗仪式,看孩子们做广播操,坐在小椅子上和孩子们一起听课,课间与老师交流,了解午餐情况,陪伴孩子开展阳光体育活动……一整天的活动,让爸爸们近距离观察孩子的学习生活,与孩子们有了更多的交流和互动,使爸爸们对学校的教育教学和自己的孩子有了深层次的理解。

另外,学校还设计组织适合父亲参与的活动,增强他们的参与兴趣。爸爸护校志愿者为孩子们提供安全的上下学环境。每天清晨,爸爸们穿上志愿者马夹,或在马路中央维护交通安全,或拉开车门引导孩子下车过马路,护送孩子们平安进校。参加过志愿者服务之后,更多的爸爸能自觉遵守交通规则并听从引导,校门口拥堵的现象改善了,孩子们眼中爸爸们的形象高大了,他们不仅仅是遵守交通规则的好公民,更是服务社会的志愿者,孩子们为自己的父亲感到自豪。

"三八"妇女节期间,学校邀请爸爸一起制定行动方案,给家中的女性长辈送上一份特殊的节日礼物。爸爸们在指导、参与、体验整个活动的过程中,充分感受到陪着孩子一起成长的快乐,也用自身的行为影响着孩子,教育他们懂得尊重和感恩。

在学校大型的集会活动中,学校邀请父亲与孩子一起登上舞台展现风采。爸爸们和孩子同唱一首歌,共读一首诗,一起制作道具、参与排练、摄影摄像……

每年的阳光体育节上,操场上更是少不了爸爸们的身影,踢足球、打篮球、跳长绳……丰富多彩的校园活动激发了爸爸们的参与热情,而爸爸的陪伴也让孩子们体会到了阳刚、大气的品性。

三、引导父亲参与兴趣课程,展现父职参与的魅力

心理学专家认为,在对孩子的教育上,男人比女人拥有更多的优势。在知识面上,父亲比母亲更广,特别是在历史、地理、哲学方面都精于母亲;在教育方式上,父亲更多鼓励孩子自己动手做事,更注重培养孩子的独立能力。

为了发挥父亲的职业特长,拓展孩子们的视野,激发孩子们的求知欲和好奇心,学校组织开展了"爸爸讲课堂"活动,让爸爸们参与学校兴趣课程的开发和实施,走进课堂做老师。爸爸们通过来学校做一回老师,增强对父亲职责的认识。学校广泛宣传后,爸爸们积极参与,充分展示了自己的魅力。从上课内容看,爸爸们关注的多是科普知识,以理性思维为主,像一位爸爸给小朋友上的课就是有关地球自转和公转的,这引起班上男生很大的兴趣。爸爸们还给孩子们讲解一些军事知识、国防民防安全知识,理论配合实践,教给孩子们一些适合小学生的防身术、擒拿术等基本动作,让孩子们走进迷彩天地。青少年自我保护、航空飞行知识、海上国防、少儿武术防身术……爸爸们用自己的知识和兴趣爱好带领孩子们开拓视野、点燃对国防军事的好奇心,增强了孩子们自我保护的能力。从上课的过程看,爸爸们上课时语气坚决,会对男生说:"你是男子汉,你自己想办法解决这个问题!"没有过多地干预孩子的创新,没有过多地帮助和呵护,反而激发了孩子的好胜心,提高孩子们自我解决问题的能力。爸爸们走进课

堂,用男性的风格给孩子们上课,正好弥补了小学校园里男教师少的缺憾,对培养孩子们的独立自主精神很有好处。

"爸爸进课堂"实现了"双赢"。从学校方面看,来自各行各业的家长为学校提供了很好的教育资源,家长的专业知识不仅能很好地弥补教师在某些知识面上的缺憾,还能开阔孩子们的眼界,让孩子们获得更广泛的知识技能。从家长方面看,父亲走进课堂,增加了孩子的自豪感和自信心,所以家长也乐于参与此项活动。爸爸们传授的知识也许并不系统,却很生动、很感性,爸爸在课堂的表现也许并不怎么专业,但他们的参与不仅拉近了家庭和学校的距离,也增进了孩子对父亲的理解,这也是"家长进课堂"活动的多重魅力所在。

四、引导父亲建立交流互动平台,展示父职参与的成果

好父亲也需要不断成长。为了让更多的父亲扮演好这个角色,学校成立了"爸爸俱乐部",为更多的父亲们提供了学习、交流、分享的平台。大家推选具有心理咨询师和家庭教育高级督导资质的学生家长——孙领祥先生担任俱乐部活动的主要负责人,指导各位爸爸科学地开展家庭教育,提高自身的教育水平。

在每月一次的活动中,孙爸爸站在父亲的角度,结合自己育儿过程中的经验,从学会管理自己的情绪开始,指导爸爸们学习减轻压力和调控不良情绪的方法,并尝试着通过改变自己行为言语方式,改善亲子关系。此外,学校还在校园网上开设了家庭教育交流平台,很多父亲将自己参加校园活动,带领孩子举办主题活动的经验体会与大家分享,也激发了更多的父亲去关注自己孩子的成长。

在过去一年学校组织的各项活动中,父亲参与的比例明显增加。家长会上、家长进课堂等活动中,我们看到许多父亲的身影。节假日中,父亲带着子女或者全家出游的次数正在增加,由父亲发起和参与的亲子活动也越来越多。

积极评价推动父亲参与学校教育活动更深入。学校开展"福山好爸爸"的评选,每年对注重自身素养且具有科学育儿理念,善于陪伴孩子健康快乐成长的爸爸们进行评选。通过学校家校联合会的推荐,每年六月一日学生表彰会上,学校对一批"福山好爸爸"进行表彰。通过学校网站把好爸爸们的成功育儿经验分享给更多的爸爸,提高学校家长的整体育儿水平。

我们还开展优秀义工家长评选。一批在校级、年级、班级层面上积极参与学校活动,为孩子成长做出贡献的爸爸、妈妈们成为表彰对象,鼓励更多家长参与学生服务工作,推动家校合作更为紧密。

正如德国哲学家弗罗姆在其《爱的艺术》中说:"父亲虽不能代表自然界,却代表着人类存在的另一极,那就是思想境界的世界,科学技术的世界,法律秩序的世界,阅历和冒险的世界等等。父亲是孩子的导师之一,他指向孩子通往世界之路。"引导父亲参与孩子的教育,对培养孩子今后对社会的认知、处理问题的能力,起到至关重要的作用。因此,我们将继续关注这个问题,并在教育实践活动中不断努力探索。

关于新时代学校家委会工作的一点思考

"家委会"在当下家校合作中发挥的作用已经被大家认可,不少学校在推动家委会工作中也做出积极的探索。但近年来学校家委会工作中也出现一些负面事件,但不能简单地认为出现这些事件是因为学校家委会工作没有做好,或者说学校工作不到位。其实对于家委会这个组织,从国家到地方到学校都是越来越重视,近年来国家层面出台了对家委会工作的指导意见,对家委会的职、权都有明确的规定,学校也都有家委会章程。然而在实际工作中依旧会发生一些偏差。

作为基层学校的管理者,我总结和研究学校家委会工作实践后认为,当下学校对家委会这个组织发挥作用的认识不到位、定位不准是造成一些问题的原因之一。

关于家委会应该发挥怎样的作用,有一种观点是把家委会看作家长协助学校管理的服务性组织,认为家委会是学校教育工作的重要补充,充当助手职能,发挥协助作用。其主要职能是协助学校管理、服务学校教育工作等。这种观点是有一定市场的,作为长期在基础教育第一线的管理者,我在一段时间里也是非常认同的,一些学校特别是班主任将家委会当作搞好教育教学工作的"法宝"或"秘密武器",充分利用家委会来开展教育活动,也取得了不错的效果。我记得我在 2017 年学校申报家庭教育示范校时也是认同这个观点的,但当时受到现场专家的质疑,促使我进一步思考学校和家委会之间是什么关系。

家委会往往由学校来组建,由老师做出工作安排,家委会则负责具体落实。家委会和学校其实构成一种不平等的主从关系。家委会在学校的直接领导下,没有话语权,难以反映家长的利益诉求,家委会的这一定位很难符合现代学校制度建设,是对家委会工作的一种传统认识。

家委会工作中还容易出现一些过度维权现象,当下不少家长对民主管理的要求较高,他们在参与学校家委会工作时更多把家委会当作代表家长利益的自治性组织,家委会在学校工作中参与度高、知情权和评议权多,似乎很符合现代学校制度建设。但是就我国的国情而言,家委会"自治"成为难题。完全以民主选举的方式"自发成立"家委会,存在一定难度;家委会在代表全体家长利益上,难以操作;家委会在参与学校管理方面,难以实施,所以在实际中难以真正落到实处。

党的十九大提出:落实立德树人根本任务是学校、家庭、社会共同的目标。《国家教育事业发展"十三五"规划》提出,改善社会育人环境,建立政府、学校、社会、家庭全面参与的协同育人工作机制。"协同育人"一词对新时代家校工作进行了定位。中国人民公安大学彭知辉教授关于《论中小学家长委员会的组织定位》一文,将家委会定位为"以学生全面发展为宗旨的教育协同组织",对于这样的定位,我们感觉十分合适。

家校关系的前提是学生,学生是协同关系得以存在的前提。"学生全面发展"是家校协同的目的和宗旨,促进学生的全面发展是协同发展的核心。家长的利益诉求与学校的育人目标保持一致是协同发展的基础。这种协同是全方位的,既体现在家委会、家长与学校、教师之间的协同,也是以家长为代表的家庭教育与以教师为代表的学校教育之间的协同,还包括其他领域如社会教育与家庭教育、学校教育之间的协同。协同的领域特指"教育",这就规定与限定了协同的范围。此外,家校双方是对等的主体,都具有相对独立性,不存在隶属或依附关系。

我的观点是只有将家委会看作以学生全面发展为宗旨的教育协同组织,家校才能同心同力、同向同行。在家校共育过程中提升家委会协同的专业能力,我们学校也进行了积极的探索。一是学校在家委会建设中积极搭建脚手架,给家委会专业的扶持。通过对学校规划、育人文化的宣传发动,促进育人理念同步、育人目标一致。二是多渠道参与,强化协调和沟通,将问题和矛盾化解。学校规范家委会的运作,并为家委会提供必要的场地、平台。三是学校通过提供更多教育教学活动,鼓励家长参与孩子成长,增强对孩子的理解和对教师工作的理解,使一些问题和矛盾通过家委会的提前介入得到更好的解决。

在家校共育、协同发展中,学校家委会也发挥积极作用。家委会在履行对学校教育教学工作的知情权、评议权、参与权和监督权职能的基础上,不仅仅停留在开开会、谈谈心、干干活的层面,更是在家长层面,发挥了"领导与服务"作用。家委会对家长群体的领导有利于家长理性参与学校管理,而服务使家委会工作更有公信力。在教师层面,家委会发挥了"尊重与支持"作用。在学校层面,家委会发挥了"认同与共建"作用。共同的理念、积极的实践真正助力学生发展。

新时代的学校家委会应该成为以学生全面发展为宗旨的教育协同组织,成为推动学校发展的重要力量。在家校共育的路途中,我们正在开展积极的实践和探索,让家委会成为带领全体家长实践先进家庭教育理念的先行者、分享者、引领者。

信息化背景下的家校沟通新途径

在信息化大背景下,家校沟通的途径与方式已随着互联网的迅猛发展发生了巨大的变化,家校沟通的理念和策略相较传统家校沟通有着巨大不同。我们应顺应网络的即时性、敏捷性、互动性等特点,实现学校与社区、家庭之间的互动合作。我们通过研究信息化背景下的家校沟通新途径,加快适应"互联网+"的机遇与挑战,以全新的思维方式去化解家校合作教育的现实困境,优化创新家校合作教育路径。

一、研究背景

(一) 基于时代发展现状

当今世界,信息技术日新月异,以数字化、网络化、智能化为特征的信息化浪潮蓬勃兴起。信息技术的迅速发展已经深入到生活的方方面面,推动新时代沟通模式的不断更迭。在教育领域,学校与家庭之间的沟通渠道也不再局限于家访、家校联系本、家长会、家长委员会、开放日、电话沟通等形式。信息化成发展主流,通过移动终端开展的网络沟通成为家校沟通的新媒介,学校网页、班级网页、教师博客、学生博客、班级微信群等信息化沟通方式成为家校共育的重要手段,使家校融合日益紧密。同时,由专业技术人员与学校教师共同打造的家校信息技术平台也层出不穷,因其整合了不同的家校沟通模式、信息分享模式,提供了更加专业和个性化的沟通媒介,也越来越受到教师的关注和家长的欢迎,为家校架起了实时、快捷、有效的沟通桥梁,为教育带来了新的挑战和发展机遇。

(二) 基于家校沟通现状

在信息化的背景之下,现代教师和家长都早已习惯于密集的信息环境、实时的信息发布模式、便利的信息获取渠道等。传统的家校沟通方式,如电访、家长会等受时间和地点的限制,导致沟通频率和沟通时效不能得到保证,运用新型家校沟通途径是学校和家长的必然选择。

然而,信息的无障碍传递并不意味着家校的无障碍沟通。比如,微信平台的出现让人们的沟通交流方式发生了质的改变,由原先的一对一方式改为群体对话模式,加快了信息的传递速度,也推动着价值观念的快速碰撞。教师或家长在使用微信进行沟通时,会由于价值观念的不同而生碰撞,而信息传播的便捷性又会使矛盾进一步扩大或激化。

除此之外,信息化背景下的家校沟通实践考验着教师信息化技术的运用能力、信息化平台的管理能力、密集信息的处理能力、信息化媒介中的语言能力、消除信息不对称的沟通能力等。如何才能运用好新媒体、新技术,使其最大程度服务好教育教学工作成为亟待解决的问题。

(三)基于学校家庭教育指导工作特色创建需要

苏联教育家苏霍姆林斯基曾把学校和家庭比作两个"教育者",认为这两者"不仅要一致行动,要向儿童提出同样的要求,而且要志同道合,抱着一致的信念"。在这种情况下,进行有效的家校沟通能让家长了解学校教育的方式、内容和要求,配合学校开展教育,积极给孩子营造良好的成长环境,保持与学校教育的一致性,使学生更健康地成长。如何让更多的家长真正认识到自己就是教育者,如何通过新的沟通媒介帮助学校更好地开展家庭教育指导,如何引导家长担负起教育者的责任,形成家校共育的合力,就需要学校不断地扩大家校沟通的范围,畅通家校沟通的路径,优化家校沟通的氛围,从而保证家庭教育指导能够真正进入到每一个家庭,让所有学生获益。这也是信息化环境给学校带来的新挑战。

二、研究意义

(一)理论意义

人与人的沟通模式在很大程度上取决于沟通媒介的应用。当前,信息化背景下的家校沟通途径不断更迭推新,学校对于家校沟通的实践和研究也需不断跟上技术发展的步伐。我校从信息化背景下的新沟通途径入手,通过对小学家校沟通中的新途径的特征进行分类整理和归纳,对新技术和新工具进行比较,帮助基层教师学会合理使用新媒体工具。同时解决家长和教师在运用新媒体工具沟通中面临的问题,促进基于网络平台的家校合作顺利开展。

(二)实践意义

良好的家校沟通能够促进学生积极学习,引领教师专业成长,提高家庭教育水平。对沟通新媒介的使用是信息化时代中教师与家长的必然选择。以微信、校园网、专业家校平台等为代表的新媒体工具成为家长和教师对话的新渠道。优化沟通途径,对新途径所带来的家校沟通问题进行深入探究,通过自行研发的"信息化背景下的家校沟通怎么办?"的微课程培训,在信息化沟通中提高家校协同的实效。本研究对学校而言,有利于加强对新媒体工具在家校沟通中的监督与管理;对教师而言,充分运用新好信息化背景下的新沟通途径,能提高工作效率,使班级管理更为便捷,打破班级中信息不对称的情况,从而促进家校关系和谐发展;对家长而言,运用好新媒体沟通工具保持与教师紧密交流,能够及时地了解、掌握学校动态、学生情况,了解教师的班级管理要求,更好地支持学校教育教学工作,及时有效地开展家庭教育,做好学校教育的同路人,从而促进其教育目标的实现。

三、核心概念界定

(一)信息化背景

信息化背景下现代通信的技术发展,带动了人与人之间沟通的变革,家校沟通的媒介也随之改变,从面对面沟方式通转换为文字沟通、语音沟通等信息化沟通方式;从定点定时沟通场景转换为随时随地沟通场景;从一对一沟通转模式换为一对多或群体沟通模式;沟通话语从日常语境转换为媒体语境。本文所说的"信息化背景"具体就指代因为现代通信技术发展而带来的这些变化。

(二)家校沟通新途径

顾名思义,"家校沟通"是指家庭与学校之间的沟通。马忠虎教授在《基础教育新概念:家校合作》中指出家校沟通的含义:家庭成员和教师两者之间关于学生的教育问题而发生联系,两者在某些沟通载体下,彼此互换思想、观念、计划等内容,为学生的发展创造更和谐的环境和更有利的条件的活动。

为更好地进行家校沟通,实施的途径很重要。传统的家校沟通途径大致分为三类:请进学校,走进家庭和信息沟通。请进学校的家校沟通途径为家长学校、家长会和家委会等。走进家庭的家校沟通途径基本指家访。而信息沟通的方式包括电话沟通和短信联系,另外,家校联系本也发挥着沟通的作用。

信息化背景下的家校沟通新途径,我们将其界定为:除传统家校沟通方式外,学校和家庭围绕孩子的教育问题,通过信息化多种媒介进行的思想、情感或观念的信息交流和教育方法指导。

四、文献综述研究

(一)新时代家校沟通新变化

信息化带来的沟通变化实实在在发生在我们的生活中,许多教师都敏锐地捕捉到了新时代家校沟通发生的新变化和面临的新问题。

陈红指出,以互联网、数字电视、QQ、微信等为主要内容的新媒体具有开放性、共享性、平等性、交互性、便捷性、即时性以及异质性等特点,为家庭与学校之间的交流与合作带来新的机遇,为解决家校协同教育中的合作层次较低、沟通缺乏计划性、教育责任模糊、家校之间协而不作等问题提供新思路。[1]

翟全伟指出,互联网技术发展催生了新媒体的出现,不同于传统媒体单向度的传递信息,新媒体更强调的是双向的"互动"与"沟通",真正地贯彻了互联网建立和发展的核心理念——共享与参与。新媒体发展带给教育的不仅是技术的革新,更是教育理念和学习方式的深层次变革。[2]

---

[1] 陈红:《新媒体时代家校协同教育的创新》,载《教学与管理(中学版)》,2018年第7期,第22—24页。
[2] 翟全伟:《共享与参与:新媒体时代的教育》,载《中国成人教育》,2018年第16期,第32—35页。

陈小秋指出,随着移动互联网的高速发展和媒介传播途径的多样化,智能手机等移动终端的应用越来越广泛,手机版的博客、微信和 QQ 等信息技术平台为家校架起了实时、快捷、有效的沟通桥梁。现在 80 后家长对于网络平台操作驾轻就熟,网络时代下的信息技术平台在家校沟通中应用已经比较普遍,但存在不少问题,值得研究规范。①

桑晓斐指出,随着互联网的快速发展,先进的信息媒介已经运用在家校沟通中了。教师和家长在使用新型信息媒介进行沟通时,主要是考虑到其灵活的特点,没有发挥出其全部价值。②

(二)新时代家校沟通新策略

信息化平台上"班级社群"的家校沟通问题最为突出,在文献中各种研究及策略也更为全面。我们归纳为如下沟通策略:

一是明确教师的角色定位,使班级社群成为良性沟通平台。张宁、周晓欣指出教师角色在"微信群"沟通中的重要性。他们认为,在微信群里,教师能做到明确自己的角色,做到有担当、有正确的价值引导,是从根本上解决社群沟通冲突的前提条件。同时,当出现班级社群交流冲突时,教师的角色担当也有助于家长更加有效地解决问题。③

二是班级社群发布内容的定位。余兰、魏善春认为,班级社群是促进家校合作的有效途径之一。为了防止班级社群功能异化现象的发酵,建议要规定社群内信息传播,应该以爱奠定沟通基础;建立民主沟通制度,增强社群沟通保障;加强社群相关内容发布的要求学习,提高网络沟通素养;传统与现代相结合,优化班级社群沟通实效。④ 桑晓斐指出,教师和家长应该全方面关注学生,重视学生的体育锻炼、心理健康、品德形成等,在家校沟通时,也应该共同交流学生全面发展的情况,丰富沟通内容,使沟通内容更全面,培养德智体美全面发展的学生。⑤

三是完善班级社群管理制度。李萌指出在"互联网＋"的时代背景下,班级社群沟通便利,但是不少教师被动使用班级微信群,每天疲于被动应对家长的问题,给教师带来严重困扰,这样的案例层出不穷。教师需要直面、引领、巧用、关注班级社群,建立完善的使用规则,最大程度发挥班级社群的正效应。⑥

四是沟通前的准备和切实有效的社群沟通策略的指导,这是家校沟通的关键。李娜指出,应试教育和素质教育的矛盾、社会舆论的不良引导、缺乏对教师和家长关系的

① 陈小秋:《信息技术平台在家校沟通中的应用研究》,浙江师范大学硕士论文,2018 年。
② 桑晓斐:《信息媒介语境下的家校沟通及其有限性分析——基于日照市 Z 小学的调查研究》,曲阜师范大学硕士论文,2018 年。
③ 张宁,周晓欣:《家校微信群中教师的角色定位思考》,载《教学与管理》,2019 年第 24 期,第 74—76 页。
④ 余兰,魏善春:《家校微信群沟通功能的异化与重构》,载《教学与管理》,2019 年第 16 期,第 22—25 页。
⑤ 同②。
⑥ 李萌:《管理规范,彰显价值——静安区中小学班级微信群建设研究》,载《现代中小学教育》,2019 年第 35 卷第 11 期,第 58—62 页。

正确理解、沟通中教师和家长地位的不平等等,都需要通过制定社群沟通计划、掌握信息化沟通技能、关注学生的全面发展、重视家长和教师社群沟通中的地位等策略。[①] 张永华指出,要改"告状"为"告知",变"报忧"为"报喜"。把孩子最近在为人处世或品质学识上成长的点点滴滴告知家长,家长拿着教师短信、微信给孩子看,告诉孩子教师对他的认可和鼓励,学生在今后会更加积极主动地表现。[②]

综上所述,信息化背景下的新时代家校沟通呈现出技术更新快、信息传递速度快、媒介语境变化快等显著特征。这些特征给家校沟通带来了新问题、新考验,同时也孕育着新的家校合作机遇。在新的沟通模式下,家长、教师和学生都需要找到正确的沟通角色定位,以加强家校合作为主要沟通目的,开展家校沟通策略指导,帮助家长和教师更好地了解对方,促成家校合作。

五、研究概况

(一)研究目标

我们的研究目标是在文献研究的基础上,通过对学校调查和信息收集,整理出信息化背景下家校沟通出现的新问题;通过对问题产生的原因分析,进一步阐述信息化背景下家校沟通新特点;通过对集中出现的问题进行校本化培训微课程的设计,促进对信息化背景下家校沟通新技术和新工具的认识,帮助基层教师学会合理使用新媒体工具,掌握信息化的沟通技能,更好服务家校沟通;再进一步通过对问题解决的策略和方法研究,找到信息化背景下家校沟通的具体途径和有效方法。

(二)研究实施

1. 开展问卷和访谈工作

课题组设计了《家校沟通情况问卷》,分别对基层教师进行座谈和对学生家长进行了问卷调查,从沟通的工具、方式和沟通意愿等几方面了解家校沟通现状,了解信息化背景下家校沟通的基本情况。问卷内容及结果统计如图7-1至图7-4所示。

问题一:在家校沟通中,您愿意采用以下哪种方式(多选)?

A. 电话联系

B. 家访

C. 家长会

D. 网络工具

E. 其他(　　　)

---

① 李娜:《沟通行动理论视角下家校微信沟通问题研究》,辽宁师范大学硕士论文,2019年。
② 张永华:《自媒体时代家校沟通的原则与途径优化》,载《中学课程辅导(教学研究)》,2020年第14卷第1期,第138页。

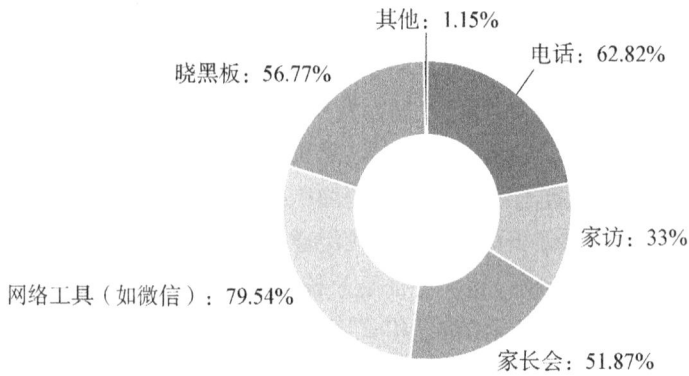

图7-1 家校沟通愿意采用的方式

问题二：在"互联网＋"时代，您是否愿意采取使用互联网工具作为家校沟通的主要方式？

A. 愿意 B. 不愿意 C. 无所谓

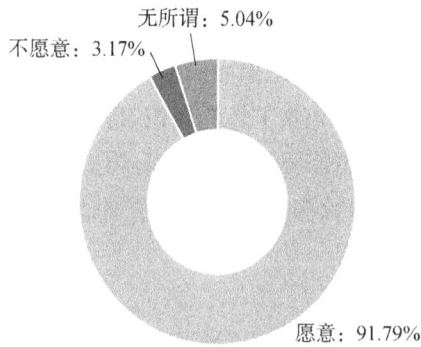

图7-2 家长使用互联网工具作为家校沟通方式的意愿度

问题三：如果使用网络工具进行家校沟通和联系，您的接受程度是1～5中的几（分值越高接受程度越大）？

A. 5 B. 4 C. 3 D. 2 E. 1

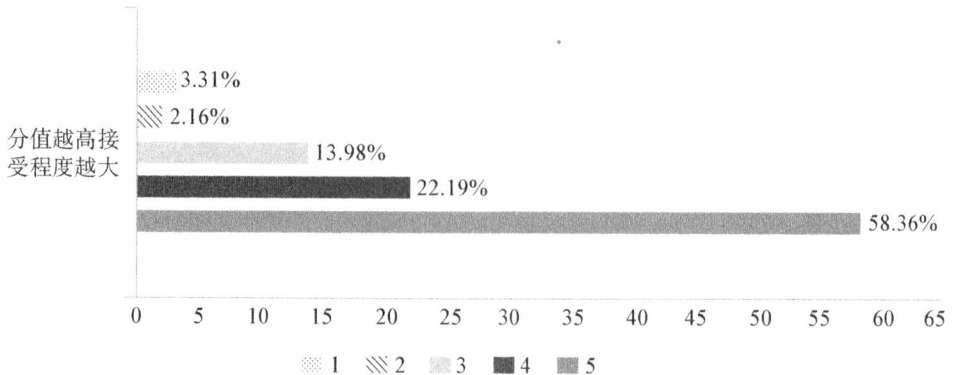

图7-3 家长对网络工具的接受度

问题四：如果使用软件进行家校沟通,您觉得最大的问题是?

A. 刷屏,错过老师发的重要通知　　B. 易发生群体事件,不利于孩子成长

C. 孩子的隐私得不到保护　　　　　D. 其他(　　　)

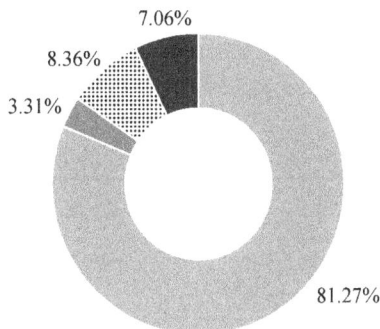

易刷屏,错过老师发的重要内容　　易发生群体性事件,不利于孩子成长　　孩子的隐私得不到保护　　其他

图 7-4　家长认为软件沟通最大的问题

问题五：关于家校沟通,您的最大困惑在哪里? 您对学校和老师还有什么建议?

该题回答中出现了一些高频词汇,如"定时""点对点""面对面""个性化"等。

从调查数据中不难看出：新媒体时代,家校沟通渠道进一步丰富,除家访、电话、家校联系本和家长会等,QQ 群、微信群等班级社群已经被大多数家长认同并使用,也成为主要沟通方式。但也有不少家长提出,使用软件进行家校沟通少了人情味,只是被动地接收一个个通知,并未得到有效的家庭教育指导。

课题组也通过座谈会的方式对学校部分班主任老师进行访谈。本次座谈的对象为我校的 10 位班主任教师,1～5 年级各有两位班主任教师,我们设计了三个开放的访谈题目。一是,您是否希望建立班级社群,您的班级目前是否有班级社群,主要使用哪一个交流软件或平台? 二是,您认为自己班级社群沟通中最能分享给他人的成功经验是什么? 三是,目前在班级社群沟通中您遇到的最大的困难和问题是什么? 需要学校提供怎样的帮助?

在同班主任的访谈中我们发现,学校所有的班级都拥有班级社群,其中使用"微信"和"晓黑板"的最多。老师们普遍反映,班级社群的建立能让家长第一时间了解孩子在校的情况,联系家长也非常及时、便捷,对学生在校活动的展示业体现出生动形象和快捷。

访谈中,班主任老师更多反映了班级社群出现的许多新问题,比如：群里的信息量泛滥、言论失控,太多的家长在微信上询问孩子的情况,老师就像客服人员。也有家长因为孩子间的矛盾在群里相互指责,还有的家长会发孩子参加校外活动的照片,又多又杂的内容让老师们疲惫不堪。再者,家长群为家长之间交流信息、统一观点提供了平台,而这个平台并没有时空的限制。家长不管何时何地,都可以随时加入讨论、发表观点。这种随时可聚合的便利性成为了酝酿不良舆情的土壤,诸多难题与矛盾也逐

渐显露。

2. 分类整理分析原因

课题组对新问题梳理后深入分析其产生的原因,总结信息化背景下家校沟通新特点和新措施。

1) 家校沟通的类型

表 7-1 对信息化家校沟通的表现进行了分类。

表 7-1 信息化家校沟通的类型

类型	具体表现
群里吵架型	随意发表言论,或夸大其词,或诋毁对方,不但没有用正确合理的方法来解决问题,还对学生发展造成了不良影响
讨好刷屏型	老师发条很重要的信息,很快被没用的闲聊刷屏淹没了,却又不好意思说家长
晒第一型	晒孩子学习成绩好,晒作业做得快,晒兴趣爱好学得好,无形之中给其他家长带来很大的压力
集赞、投票、卖东西型	家长紧跟潮流,从集赞换礼品,再到为孩子拉票,全都发进了孩子的家长群。很多家长碍于面子,不得不帮忙,但是私底下也在向老师抱怨这位家长的做法。家长做代购,把自己代理的面膜、保健品等信息发到群里,还说自己家孩子在吃,效果好,弄得老师家长很无语
炫富型	宣传自己孩子用的好、吃的好,不是进口货,就是价值不菲的,群里的家长也纷纷回复,甚至交流购买途径
鸦雀无声型	班主任老师消息一出,微信群无人回复,可能是一些家长不敢与老师沟通,也可能是部分家长产生了反感,不愿主动参与沟通等
炸开锅型	家长群"沸反盈天",家长们的态度从一开始小心翼翼地质疑变成了后来直言不讳的批评,情绪很快替代了理性

2) 教师的困惑和问题

其一,工作负担加重,群里信息泛滥,教师时刻在回复信息,感觉自己被"绑架"了。有家长把孩子各类活动照片晒在群里求点赞,有家长在微信上询问孩子在校情况,有的发小广告、代购,也有家长护子心切,因为孩子间矛盾,在群里"开战",也有一些不理解老师做法的家长在群里公开指责老师,又多又杂的内容让老师们疲惫不堪。

其二,沟通虽便捷,但教师反映,在社群里发表信息或跟家长单独信息沟通,有时会遭遇家长们的误解,尤其是在社群里的沟通容易被断章取义,沟通效果有时不如面对面的沟通。

其三,一些小事情经过家长群的传播后容易放大成大群舆论事件,成为老师最头疼和最不擅长处理的问题。

其四,一些老师反映,建立班级微信群后加了不少朋友,担心自己个人隐私被泄露。

3) 原因分析

其一,处于信息化时代的家校沟通并没有跟上网络发展的速度。有时教师仍会被束缚于传统的家校关系定位中,将家长定位于服从者、配合者,而忽略了家长的参与、伙伴、合作者的地位。因此,仅仅将"群"定义为信息的发布平台,却不能调动家长的主动性、参与性,人为地束缚了"群"的作用。

其二,教师缺乏社群管理经验。随着自媒体时代到来,一些教师缺乏对新技术的了解,缺少使用过程中的管理经验,导致对问题不敏感,出现问题不会处理。

其三,班级社群缺少一定的群规约束,家长在群里不需要直接面对教师,容易不加约束地随意讲话引起矛盾,因为没有制度约束,群内无关信息、负面情绪在虚拟空间无序释放,通过网络舆论的"蝴蝶效应",演化成危机舆情事件。

其四,教师的信息化沟通缺少艺术性。很多教师出于长期形成的职业习惯,往往在表达上过于严肃、刻板。在言辞之中,教师往往隐含着"我是教育者,你必须如何如何"的强硬态度。或是在信息发布之中言辞决绝,不留余地。或是只盯学习,使群内弥漫着紧张的气氛。这种表达可能会吓住一些家长,使其不敢与老师沟通。也可能会引起部分家长的反感,难以引起共鸣。

3. 开发微课程,进行校本培训

(1) 对信息化背景下家校沟通新技术和新工具进行比较,帮助教师学会合理使用新媒体工具,服务家校沟通。在研究中我们发现,教师群体运用最多的沟通工具是微信群、QQ群和晓黑板,但教师们仅仅普遍能够使用这些信息化的工具,对其优势和缺点不够清楚。为帮助老师们更好运用这些沟通工具,我们对常用的三个沟通工具进行了比对研究,比较分析了它们各自的优点和缺点。以《了解信息化背景下的家校沟通新工具》微讲座的形式,向教师进行讲解,为教师合理使用做好基础工作,助力家校沟通更顺畅、更高效。

(2) 开发微课程,进行校本培训。面对信息化背景下家校沟通出现的新问题和教师们的新困惑,我们感到及时有效的培训是解决问题的关键。根据问卷调查的分析情况,课题组成员从校情与班主任需求出发,初步架构了"信息化背景下家校沟通"校本培训框架。坚持同伴互助、研训一体为原则,以微课程学习、专题研讨和案例研究为培训方式,坚持理论学习与实践探讨相结合,凸显实践性。

围绕教师们最为困惑的家校沟通问题,我们用四个"怎么办"作为主线组织培训,每一个"怎么办"就是我们的一个单元的培训内容。课题组向全体骨干和成熟型班主任发出招募令,招募八个培训课程开发与设计者。学校借助骨干班主任们成熟的经验进行课程开发,发挥了骨干班主任老师们的育人智慧和艺术,群策群力,在短短的一个月时间里完成"信息化背景下的家校沟通怎么办?"的培训课程。微课程培训的内容为:第一课时,家校沟通——班级社群的正确打开方式;第二课时,家校沟通——学会情感沟通;第三课时,家校沟通——学会自我保护;第四课时,家校沟通——学会有效干预和管控。通过问题导入,讲述发生在身边的真实案例,引起基层教师的思考,继而进行深层次的问题归因、理论分析,最后的实践支招注重提炼方法,让教师们有法可循。

4. 交流总结,提炼经验

通过召开班主任研讨会,组织班主任老师撰写相关案例分析,总结、提炼经验方法。课题组整理出优秀案例后,进行全体教师交流活动。对研究工作中获得的信息化背景下家校沟通新途径的实践方法进行资料汇总、整理,召开结题工作会对研究工作进行反思与总结。最后撰写教师家校沟通新途径探究的小论文,形成课题研究结题报告。

六、收获和思考

(一)我们的收获

1. 家校共育理念的更新

学生的成长离不开家庭、学校、社会三方共同努力。要对学生开展有效的教育就必须构建与时俱进、家校互动共建良好的家校沟通模式。信息技术的快速发展为家校共育的健康发展提供了强有力的保障,共享是新媒体时代教育的新模式,也是推进教育公平的有效途径。我们通过对信息化时代家校沟通途径的研究,更好地借用信息化沟通工具架起家校沟通的桥梁。教师和家长在班级社群建设中共同学习、相互理解,在有规则的前提下,教师对家长教育方法进行指导,家长和家长之间、家长与学校之间相互启发和影响。在协同发展理念下,有效的家校沟通使教育形成合力,提高教育时效性,促进了学生健康成长,开辟了家校教育发展新空间。

2. 开发培训微课,教师能力提速

教师的信息技术能力决定了班级社群的发展,针对教师们在信息沟通过程中遇到的困惑和问题,制定了"信息化背景下的家校沟通怎么办?"系列培训课程,帮助老师们转变观念,提升信息化沟通的技术和艺术性。前期有培训,身边有榜样,遇到问题有咨询,教师们尤其是一些中老年教师对信息化沟通中的出现的问题就有了解决的底气,不再畏惧。课题实践过程中,我们也搭建了各层面教师发展平台,青年教师信息技术能力强,在校本微课设计中他们担任技术层面的培训任务;骨干班主任老师对家校沟通中的问题有丰富的解决经验,他们承担理念和实践方法的培训;学校的德育管理团队也通过课题研究对家庭教育指导工作有了系统的思考,在引领中突破教育难点,实现新的飞跃。

3. 学校提高舆情处置的能力

舆情处置一直是学校管理中的难点。课题的研究中包含信息化背景下校园紧急事件的处理办法。通过事前预防和事后处置两部分操作,提高学校管理团队危机处理意识,了解学校紧急事件的处置办法,帮助解决问题。有效干预的前提是家校顺畅沟通,学校要对家长持续不断地开展科学育儿观的指导,使他们能够以理性积极的态度面对舆情事件,帮助家长形成和学校教育目标一致的家庭教育。学校利用各种新媒体平台及时发布准确、有用的信息,与家长积极互动,确保了学校中一些突发事件的有效处理。

（二）我们的思考

信息化背景下家校沟通的新问题还会不断涌现,但这并不能阻挡信息化沟通的步伐。面对新问题和新挑战,技术上的培训不难解决,观念的转变最为重要。要让家校合作发挥更强作用,教师和家长必须在观念上始终把孩子的健康成长作为第一育人目标,这也应该是学校家庭教育指导的重中之重。沟通模式的背后往往传递出双方尤其是教师育人观以及对教育本质的理解。因此,在课题的后续研究,我们要继续完善信息化背景下家校沟通校本微课培训,并在其中增加育儿观念和理念上的内容,运用好信息技术手段,整合原有家长学校的内容,真正形成一套完整的家校合作培训课程。

在互联网发达的今天,传统的家校沟通仍然必不可少。电话联系和家访仍然发挥着其他家校联系无法比拟的重要作用。在某些情况下,传统的家校合作方式效果十分显著,不应随意丢弃。尽管家校沟通模式千变万化,但万变不离其宗的是,沟通是为了促进学生健康成长,选择家校沟通方式时也应该以此为依据。

帮孩子养成尊老孝亲的好习惯

孩子们在假期里朝夕相处的人可能是家里的爷爷奶奶或外公外婆。俗话说"隔代亲，隔代宠"，祖孙之间的这种相处模式，容易让一些孩子以自我为中心，娇气任性，对祖辈们呼来唤去，不懂得关心别人，缺少应有尊重。如何利用假期处理好隔代教育关系，使孩子们养成尊老孝亲的好习惯？

一、父母在身教中传递尊重

苏联著名教育学家苏霍姆林斯基说："人的全面发展取决于母亲和父亲在儿童面前是怎样的人，取决于儿童从父母的榜样中怎样认识人与人之间的关系和社会环境。"最好的教育是父母的言传身教。

（一）关键词一：**榜样作用**

教育孩子孝敬长辈，父母首先要做好榜样，平时多体贴关心老人，见面主动问候长辈。父母劳累时，为父母捏捏肩，吃饭时盛饭夹菜，端茶倒水，经常问候和祝福。和父母意见不一致时不随意顶撞或不理不睬，温和地进行沟通……这些生活小事都能够让孩子耳濡目染，受到尊重祖辈的熏陶。

（二）关键词二：**感恩教育**

父母可以从日常小事中教育孩子懂得感恩，如祖辈为孩子买玩具时、带孩子玩时，家长都可以适时教育孩子："看，爷爷多疼你，你怎么孝敬爷爷呢?"让孩子自觉思考如何孝敬长辈的问题。假期里父母孝敬长辈时可以让孩子帮助去完成，如买了好吃的首先让孩子给爷爷奶奶送去，这样，孩子在无形中就受到了爱的教育。假期的空闲时间里，父母可以给孩子讲讲爷爷奶奶年轻时的操劳，也可以给孩子讲讲他们成长中父母付出的心血。看似不经意的聊天，却可以在孩子心中埋下感恩的种子。

（三）关键词三：**达成共识**

祖辈和孩子之间的隔代亲是一种自然现象，当发现家中孩子缺少一定的规则，不懂得珍惜，稍有不满就会发泄到祖辈身上时，父母要主动和祖辈结成家庭教育统一联盟，对孩子应该遵守的规则达成共识，让老人理解真正的爱是宽严相济，对孩子进行正面引导和鼓励，帮助孩子养成好习惯。

二、祖辈在陪伴中赢得尊重

（一）关键词一：当好配角

爷爷奶奶们要摆正在家庭教育中的位置，即当好子女的"助理教练"。年轻父母处在人生的上升期，确实要承担很多生活、工作、经济上的压力。祖辈们切忌在孩子的教育问题上大包大揽，处处插手，该放手的应放手让孩子的父母来处理。如果父母以忙为借口，把对孩子的教育权完全交给祖辈，父母就缺少了应尽的责任。试想一下，如果连自己孩子的养育、教育的责任都不愿担当，怎么能担当起工作、社会的责任呢？因此，祖辈们要鼓励子女不管多忙都要尽力抽时间与孩子在一起。参与孩子的养育和教育既满足了孩子对父母爱和安全感的需求，同时父母在辛苦的养育过程中也在逐渐成长、成熟。祖辈们当好配角，做促进亲子之爱的催化剂。

（二）关键词二：正视差异

祖辈和父辈在成长环境、人生阅历、知识结构上有着显著的时代差异，这就是我们俗称的"代沟"。所以两代人在教育孩子的理念上自然也会存在差距。我们要正视这些差异，在教育孩子时，两代人要多沟通，寻找教育的平衡点。在教育孩子之前达成共识，形成可行的家规。只有意识统一了，教育的口径才会一致，教育的效果也才会好。实在不能达成共识的也不要当着孩子的面发生冲突。这不仅对改善孩子的行为毫无益处，还会使问题越来越严重，甚至带来更多别的问题。另外，不和谐的家庭氛围会给孩子带来不安全感，对孩子的心理发展产生不利影响，家庭成员之间要尽力避免发生冲突。

（三）关键词三：培养能力

多带孩子参加户外活动，培养孩子的社交能力。孩子的独立能力与社交能力是在日常生活中不断培养起来的。孩子们与同伴玩耍的过程中，祖辈们不要过多干预。即使是自己的孩子吃了亏，也不要直接出面帮孩子解决。如果发现孩子在与人相处时出现问题，可以在事后教他该如何处理。孩子只有在与同伴的交流互动中，才能更加健康快乐地成长。

让孩子学会自己动手，增加生活能力。爱为孙辈代劳是不少老人的通病，调查显示，与祖辈一起生活的孩子动手能力相对弱一些。孩子的生活习惯和他的学习是息息相关的，生活上粗心大意、动手能力弱，学习成绩也往往不尽如人意。帮孩子做事不如教孩子学会如何做事。面对低年级的孩子，祖辈们可以教会他们简单地整理房间，洗自己的袜子内裤等；面对高年级的孩子，可以教他们做午餐和晚餐。在向孩子传授知识和生活经验时，别用旧习惯影响孩子。

三、孩子在实践中学会尊重

尊重长辈是孩子礼仪规则的一项内容，需要在孩子们日常生活的点滴中培养。暑假里，孩子们除了增长知识、休闲娱乐外，在尊老孝亲上也可以有积极行动，养成尊重长辈的好习惯。

（一）活动一：向祖辈学生活本领

向祖辈们学生活本领是最好的祖孙互动活动。祖辈们有独特的优势,他们有着更加平和的心态,有更为丰富的生活经验。因此,孩子们可以利用假期了解祖辈们的业余生活,跟着祖辈学一至两项生活本领,比如学做一道拿手的菜、学着做传统小点心、学绣花,在学本领的过程中真切感受祖辈们令人尊敬的方面。

（二）活动二：听祖辈讲过去的故事

借助家庭日、生日会等活动契机,和爷爷奶奶对话,翻翻老照片,听爷爷奶奶们讲讲过去的生活、他们的理想、爸爸妈妈的成长经历等,让孩子有机会表达对祖辈的尊敬和关爱,使亲情得到升华。

（三）活动三：教会祖辈一项信息技术本领

平时爷爷奶奶教会孩子不少生活本领,在享受着老人们无限关爱与呵护的同时,孩子们也可以把自己掌握的小软件、小游戏等有趣的信息技术,耐心细致地教给祖辈,让老人们多一份对新技术新科学的了解,用行动表达对长辈的关心和爱戴。

亲爱的家长们,当您的孩子在尊老孝亲方面做得好时,别忘了夸夸孩子呀!这样,孩子会更积极。隔代教育是一个复杂的事情,做好不容易!但是,隔代教育又是一个很简单的问题,只要孩子、父辈、祖辈明确并践行自己的责任,孩子就能真正拥有一个充满爱与智慧的暑期生活。

学生活动方案

"国际理解教育"主题活动方案

一、英雄促我成长

（一）主题

走近英雄；激发自己；促我成才

（二）宗旨

（1）"英雄"是一个时代的产物、历史的见证，更是一种文化遗产。认识英雄、学习英雄是新时期孩子们了解历史的一个途径。

（2）感受英雄的品质、崇尚英雄的精神，结合自身，身边的人，身边的事，发现自己的缺点，寻求提高自身素质的方法。

（3）将德育教育渗透在全球教育中，培养民族自豪感，增强民族自信心。

（4）培养学生对外来文化须持一种"取其精华，去其糟粕"的态度。

（三）实施时间

每学期九月份（两周）

（四）实施过程

1. 课堂教学

（1）全球教育课上选择不同时期不同国家的最具典型意义的英雄人物进行介绍（师生互动）。

（2）每天中午连续播放英雄人物的影片。低年级以"辉煌的一瞬"为题谈谈影片中印象最深的场面；中、高年级以"由衷的感慨"为题，以学习小组形式交流观后感，上交书面资料。交流评比各年级优秀课，以大课形式在全校交流。

2. 实践活动

（1）收集英雄的名言、警句、座右铭或是后人对其的赞扬。低年级制作书签，每班制成一块展板或出一期黑板报。中、高年级每班汇编一份《英雄的话》，并与语文课三分钟演讲整合,说说名言等的来历、背景等相关知识。

(2) 参观一大会址/烈士陵园。以英雄的精神、品质激勉自己,找一个英雄作为自己的榜样,结合自身的特点,制订一份自己成才的计划书,用一句话作为自己的座右铭。

(3) 各年级进行知识竞赛,评比优秀个人和集体。

(五)反馈

通过活动,学生的言行有所改变,向新世纪合格的多元化人才发展。保留学生制作的书签、《英雄的话》、观后感等各种资料,以便交流学习。

二、动物——你我的好朋友

(一)主题

动物——人类的好朋友

(二)宗旨

(1) 通过活动知道人类社会的发展与动物的生存和发展是有密切关系的,动物是人类发展密不可分的好朋友、好邻居。

(2) 了解地球环境及其变化对物种的延续、生存、发展乃至消失有着十分重要的作用,保护地球环境就是保护动物的生存。

(3) 在各种课外活动中融汇动物知识介绍,在学科中渗透保护动物、热爱动物思想,培养学生用开放性的眼光看待动物,看待动物界,并养成热爱动物、自觉保护动物的热情和信心。

(三)实施时间

4 周

(四)实施过程

1. 课堂教育

1) 全球教育课

(1) 由古至今系统地介绍各个纪元的环境特点和动物的生存知识,引发学生对动物生存发展的兴趣。

(2) 有重点地介绍各国的珍稀动物,了解其名称、习性及生活环境。

(3) 组织学生利用一切可查询资源接触动物,了解动物的活动。

2) 自然课

(1) 介绍生物的起源,简单了解生物进化过程。

(2) 利用图片、录像、标本来认识动物。

(3) 了解动物的分类及生活特点。

3) 美术课

(1) 画一画喜爱的小动物。

(2) 画一画你心中已灭绝的珍稀动物的形象。

4) 班会课:动物资料收集展示,小讨论:"动物需要保护吗?"

2. 实践活动

1）观看探索频道中关于动物知识的录像

2）参观自然博物馆,了解物种的发展变化

3）小画坛

（1）画一画你最喜爱的动物。

（2）画一画你心中已灭绝的珍稀动物的形象。

4）小展板

以班级为展板单位,在教室、走廊上展出收集调查的各种有关动物生活的照片、资料、图画等。

5）小倡议

在全校范围内提出倡议,分发倡议书,让全校都融入保护动物、保护地球的活动中。

6）小论坛

（1）我们该为我们的朋友——动物做些什么?

（2）妈妈的裘皮大衣漂亮吗?

（五）反馈

（1）以班会形式进行班级小结、颁奖。

（2）在一、二年级组以文艺演出的形式,以歌舞、小品、儿歌为载体,歌颂自然、歌颂动物,激发学生爱护动物的热情。

三、中华诗词吟诵

（一）主题

竖起心中的丰碑,中华诗词吟诵

（二）宗旨

（1）了解中华诗词具有的深刻思想内涵、丰富的语言文字、整齐的格律形式、优美的音韵声调、高雅的艺术风格,感悟中华诗词的灵魂就是爱国主义、民族主义。

（2）学习中华诗词,从中感受祖国壮丽的山河、民族的气概,从而激发爱国热情,树立远大理想和志向。

（3）诵讨本次活动,弘扬中华民族精神,从而让学生感受到"中国了不起,立志做了不起的福山人、了不起的中国人"。

（三）实施时间

1 周

（四）实施过程

1. 活动内容

阅读有关书籍,收集优秀的中华诗词并在集体中交流,谈谈读书、学诗体会;出一期黑板报,交流收集的成果;召开一次队会,感受祖国优秀的文化;召开一次大队集会,表达爱国热情。

2. 课堂教学

针对古诗教学进行课堂实践和观察。

(1) 一年级关注语言表达的规范,正确指导学生背诵古诗。

(2) 二年级关注完整表达的训练,积极引导学生用自己的话理解古诗,背诵古诗。

(3) 三年级要学会思考,关注学生表达的流畅性、条理性,启发学生发现古诗学习的一些规律,自主学习背诵古诗。

(4) 四年级要学以致用,指导学生表达具体、生动,结合古诗的学习和背诵,能意译古诗,改写古诗。

(5) 五年级要指导学生表达有观点,让学生了解掌握一定的古诗知识,能背诵理解并能在2分钟演讲上加以运用。

3. 活动步骤

1) 宣传动员、收集诗词阶段

① 了解在优秀的中华诗词中蕴涵着的丰富思想内容。

② 学生从不同的途径阅读有关书籍,收集中华诗词,感受其优美的语言形式和丰富的爱国情感。

2) 自主活动阶段

① 各班将收集的资料汇总,出一期黑板报展示成果。

② 开展十分钟队会,吟诵自己最喜爱的诗词,表达民族的自豪感。

3) 活动展示阶段

以"竖起心中的丰碑,中华诗词吟诵"为主题开展大队集会,展示各班的活动成果,树立民族自信心和自豪感。

(五) 反馈

(1) 以班会的形式进行小结。

(2) 以集会的方式来汇报各班学生活动成果。

(3) 评比古诗词诵读优秀集体、个人。

四、合作与生存

(一) 主题

合作才能生存;合作才能发展。

(二) 宗旨

现在的社会是一个竞争与合作并存的社会。在每个角落都存在人与人的合作、国与国的合作。让学生通过这次活动,学会合作,懂得合作的作用、内容、意义。

以全球理解教育的探索为框架,与其他各学科进行综合,开展多层次,多角度,多方位的活动,来培养学生的合作能力。

（三）实施时间

2个月

（四）实施方案

1. 课堂实施

1）搜集身边的故事，在其中领悟合作是解决问题的途径

（1）低年级：拔萝卜、原始人打猎时合作的故事。

（2）高年级：寻找战争中的合作故事（理解合作使力量增强），例如：第二次世界大战、抗美援朝等；寻找艺术领域中的合作，例如：中西合璧的艺术品，兼具中西方特色的服装、饮食、文学作品。

2）各个时代出国留学、交流的典范

（1）古代：出国取经、郑和下西洋等等。日本向中国唐代学习中国的文化。

（2）近代：有海外留学经历的革命家、作家。

（3）现代：出国热，了解现在国际上的合作动态。

3）国与国的合作

（1）如中美、欧美、美英之间的合作。

（2）经济领域的合作：例如，惠普公司与康柏的合作；上海汽车与美国通用、德国大众的合作。

2. 活动

（1）每个学生结合自己感兴趣的方面，寻找由于合作而产生的有转折性意义的事件。

（2）每班合作画一卷画，主题是"人类的进化"。用文字说明合作创作的过程。

（3）合作游戏，如：看动作猜成语、包馄饨比赛等。

（4）以年级为单位搞一个联欢会，每个学生在联欢会上要认识5位新朋友，请你的新朋友一起唱一首歌。

（5）举行一次体育竞赛，每个队10人（如篮球赛。每班出一支队伍，进行比赛）。

（五）反馈

通过一系列的比赛，让学生学会信任他人，鼓励失败的队友。认识到合作也会有失败的时候，重在合作的过程。

五、"童眼看上海"绘画、摄影、摄像比赛

（一）主题

童眼看上海

（二）宗旨

组织学生利用节假日，捕捉上海最美的景色，把自己眼中的新上海、新浦东用画笔画下来，用照相机或摄像机拍下来，感受祖国日新月异的变化。在活动中抒发热爱祖国、赞美祖国的情感。

（三）实施时间

五一、国庆长假（两周）

（四）实施过程

1. 活动方式

绘画、摄影、摄像（学生自主选择）

2. 实践活动

（1）作品创作阶段：学生自主选择景点和素材，进行绘画、摄影、摄像。

（2）作品参赛阶段：各班级将作品择优推荐到大队部。绘画作品每班 2 幅；摄影摄像作品不限。

（3）作品评奖阶段：学校组织评奖。

（4）作品展示阶段：学生优秀作品在校园、网站等进行展示。

（五）作品要求

（1）绘画：儿童画或国画。

（2）摄影：黑白、彩色均可，7 寸或 7 寸以上。

（3）摄像：3 分钟左右，写好解说词，学校统一进行配音。

六、走进时空隧道

（一）主题

走进时空隧道

（二）宗旨

（1）地球已经经历了 46 亿年的漫长历史。通过活动，对学生进行历史教育，让学生了解地球，了解历史。

（2）以全球理解教育课为抓手，以其他学科渗透、课外活动为形式，开展多层次、多角度、多方位的活动，激发学生追溯历史、研究历史的热情。

（3）培养学生用历史的眼光看事物的科学思想方法。

（三）实施时间

2 周

（四）实施过程

1. 课堂教学

（1）全球教育课：系统介绍地球的演化史，了解相关的科学推断学说，引起学生关注，激发学生兴趣。学生浏览网站，收集相关资料。

（2）自然常识课：认识岩石、动物、典型植物及其相关知识。

（3）美术课：做树叶标本。

2. 实践活动

（1）全体学生观看影片，例如《侏罗纪公园》。

（2）设立历史章、科技章、创造章，开展争章活动。

① 考古章：看一本关于考古的书。

② 科技章：订阅科技报刊，查阅图书馆有关书籍杂志。

③ 发现章：发现历史上一件重要的事情或一位重要人物，写(画)出简介。

(3) 参观上海历史博物馆/上海博物馆/上海科技馆。

3. "做一天原始人"主题班会

各班制定活动方案，要有创新，进行活动方案评比，方案优胜班级将班会过程录像，向全校公开；为优胜班级颁发奖状。

4. "地球故事"演讲比赛(分年级评奖)

(1) 一二年级：科幻故事。

(2) 高年级：科技故事。

5. "未来地球"设计大赛

（五）反馈

(1) 将整个活动过程编辑成册。

(2) 将所收集的资料和活动过程中拍摄的视频刻成光盘。

(3) 活动成果展览：(展板或网站)树叶标本展、主题班会集锦、演讲比赛各年级第一名展示、未来地球设计大赛作品展。

七、保护水资源

（一）主题

让我们行动起来，保护水资源

（二）宗旨

水是基础性的自然资源和战略性的经济资源。水资源的可持续利用是经济和社会可持续发展的重要保证。水资源的保护和利用，需要全社会的参与。让我们从现在做起，从自身做起，通过这一主题活动，帮助学生增强节水意识和环境保护意识。

（三）实施时间

1 周

（四）实施过程

(1) 请一位水厂的工作人员，向学生介绍一下，我们每天用的自来水是从哪里来的，自来水在进入千家万户之前要经过哪些处理工序。

(2) 画一张世界水资源分布图。学生可以通过自己找资料，绘制一张世界水资源分布图，了解一下世界上哪些地方更缺水。知道全世界的水资源是很缺乏，初步形成保护水资源的意识。

(3) 小讨论：水有哪些用处？让学生更多地了解水的用处，同时开发学生的创造性思维。本活动可以以班级为单位开展讨论。

(4) 节约用水"金点子"比赛。请学校后勤部门给学生说一说学校每月的用水情况，全校学生共同出谋划策，看一看有什么办法节约学校的每月用水量。通过这一活动体现学生的小主人意识。在全校范围内评选出若干个"金点子"。

（5）全校范围评选"节水小卫士"。每班都有一个节水员,由学生投票选举出最佳节水员,发给证书。

（6）家庭小调查。每班学生分成四组,对其中一位学生家里一个月的用水量做一次调查。根据调查结果,提出合理化建议,在家中实施,然后再对下一个月的用水量做一个调查,看一看节约了多少水。

（7）出一份环保小报。每班3～4份。

（五）反馈

（1）整个活动过程编辑成册。

（2）将所收集的资料和活动过程中拍摄的视频刻成光盘。

（3）将各班制作的环保小报,用展板的形式展示出来,组织全校学生参观。

八、世界儿童手拉手

（一）主题

世界儿童手拉手,我们都是好朋友

（二）宗旨

通过一系列的活动,在孩子们身上树立起全球意识和全球观念。要把整个世界纳入自己的视野,无论是繁华大都市,还是偏远、荒凉如南北极。了解世界各地的同龄人的生活状况。中国是世界的中国,世界是中国的世界。同时在活动中培养学生的信息采集能力、信息处理能力、信息管理能力、信息沟通能力。

（三）实施时间

1周

（四）实施过程

（1）每天中午在闭路电视里播放一部儿童片,要具有不同国家的特点。

（2）心灵互通。每个学生通过互联网,找到一个国外的小网友,至少互发一份电子邮件。

（3）小调查。通过与小网友的交流,或是自己上网查找资料,在下列题目中任选一个作中国与外国的比较,要求高年级学生完成一篇调查报告,低年级学生开一次主题班会交流:①我的一天;②我的业余生活;③我的学校(学习);④ 与我的父母。

（4）讲故事比赛。讲述世界各国著名的、具有代表性的童话故事。

（5）对贫困地区的孩子搞一些捐赠活动,可以发动学生捐出自己的书籍、文具、玩具等。

（五）反馈

（1）将活动过程编辑成册。

（2）将所收集的资料和活动过程中拍摄的视频刻成光盘。

（3）将学生的调查报告发在校园网上,让更多的人欣赏。

九、我为世博会增添异彩

（一）主题

了解世博会、服务世博会、我为世博会增添异彩。

（二）宗旨

（1）抓住上海申办世博会成功的契机，体会祖国的强大、祖国的腾飞及祖国国际地位的提高，提升学生爱祖国、爱上海的真情实感。

（2）以课程为载体，帮助学生了解世博会的历史，了解 2010 年上海世博会的概况。

（3）以活动为载体，树立用实际行动迎接世博会，通过共同的努力将这份异彩送还给世界的思想。

（三）实施时间

一学年

（四）实施过程

1. 课堂教学

1）国际理解教育课

（1）了解世博会的概况。

（2）了解中国的申博历程。

（3）了解中国上海举办世博会的意义。

2）校会课

观看有关"申博陈述"、世博场馆建设、志愿者服务等录像片，激发学生的民族自豪感和自信心。

2. 实践活动

（1）通过各种途径收集有关世博会的资料，进行班内交流。

（2）举行全体师生"我为世博会增添异彩"的承诺签名活动。

（3）调查整理有关社会文明习惯、礼仪中还存在的问题，从自身做起，向市民发一封倡议书，倡议人人养成良好道德习惯，做文明人，创造和谐、优美的社会环境，为世博会添彩。

（4）以班级为单位开展"今日话题"的讨论。围绕"我与世博会"（伴着世博会成长）等话题，引领学生树立从小练就本领，长大立志服务世博会的志向，培养爱祖国、爱家乡、争为世博会添异彩的美好情感。

（5）充分发挥学校英语特色功能，开展小手牵大手的"亲子英语每日共同学"活动，形成世博会学好英语的氛围。

（五）反馈

（1）活动情况总结。

（2）活动资料收集。

十、"吃在全球"——点击世界美食文化

(一) 主题

"吃在全球"——点击世界美食文化

(二) 宗旨

(1) 了解饮食文化,懂得饮食与人们生活息息相关的道理。

(2) 了解世界各地区、各国家、各民族的饮食习惯、风味特色,感受全球美食文化的多样性、纷杂性。

(3) 通过各国各地不同的饮食习惯,了解其国家、地区的文化背景、生活习惯,加强对世界文化的理解和认识。

(4) 通过本次活动,懂得饮食与健康的关系。

(三) 实施时间

12月份(2周)

(四) 实施过程

1. 课堂教学(全球教育课程)

(1) 从身边出发,了解中国饮食的特点,激发学生了解饮食文化的兴趣。

(2) 介绍国家、各地区、各民族的饮食特点,知道地域差别给饮食习惯带来的影响。

(3) 由饮食入手了解各国的生活习惯、文化背景,形成美食文化的概念。

2. 实践活动

(1) 小调查:通过各种途径收集有关饮食文化的资料。收集有关饮食、菜名的小故事、小传说以及名人与菜肴的小故事。了解有关饮食与健康、饮食与养生的小常识。

(2) 演一演:观看情景剧表演《玛丽家的晚餐》,从中了解西方餐饮礼仪。

(3) 小论坛:各班开展一次"美食文化ABC""饮食与健康"话题的交流与讨论。

(4) 美食大荟萃:12月24日,每位同学带一道菜肴,各班举行"美食大荟萃"活动。活动中穿插美食小故事演讲、文艺节目表演,在欢乐的气氛中庆祝圣诞节。

(五) 反馈

(1) 以班会的形式进行交流、小结。

(2) 以集会的方式来汇报学习情况:通过情景剧表演、演讲、美食荟萃等方式将中西方饮食文化融会贯通。

(3) 资料汇总:"全球教育"课程任课教师负责收集有关美食文化知识的资料;各班交2份学生收集、整理的美食小故事、小传说;1份"美食小论坛"实录。

十一、金色的童年　欢乐的歌声

(一) 主题

金色的童年,欢乐的歌声

（二）宗旨

为庆祝建国 61 周年,激发学生热爱祖国、热爱生活、热爱集体的情感,举行全校学生歌咏大会,在活动过程中,培养学生团结、协作的集体主义精神,增强合作意识,提升班集体凝聚力。为学生提供展示音乐才能的舞台,陶冶学生艺术情操,提升学生艺术表现能力。通过活动的体验,让学生感受快乐、愉悦的校园生活,孕育健康向上、积极进取的情感。

（三）实施过程

1. 宣传阶段

（1）德育组在班主任会议上进行歌咏会活动介绍。

（2）制作活动海报。

（3）网上公布歌曲目录、各年级演唱要求、部分乐曲音频,同时将目录分发至各个班级,各班级挑选演唱曲目并上报。

2. 排练阶段

（1）针对上报曲目确定歌曲演唱形式。

（2）在音乐课堂教学中教授参赛曲目,并针对自己所教班级进行指导。

（3）各班级准备演出所需的服装、道具。

3. 集会展示

（1）大队部协助确定大队集会议程,总辅导员培训各校区辅导员,指导各校区辅导员对主持人进行训练。

（2）分校区举行歌咏大会,各班级进行展示、比赛。

（四）各部门工作

1. 德育项目组

（1）活动宣传动员。

（2）培训主持人。

（3）活动现场指挥、协调。

（4）活动总结、颁奖。

2. 音乐组

（1）协助班主任确定演唱曲目。

（2）指导班级演唱及队形编排。

（3）现场伴奏及演出协调。

（4）当天音乐播放或演奏。

3. 班主任

（1）班级整体训练。

（2）队形设计、表演动作设计。

（3）服装、道具准备。

4. 副班主任

协助班主任参与辅导学生训练、制作道具。

5. 体育组

（1）会场划分。

（2）学生进出场。

6. 后勤服务部门

提供话筒、电钢琴搬运、拖线板、制作横幅（或背景幕布）、拉横幅、评委桌椅摆放。

7. 信息技术部

负责摄影、摄像。

（五）资料汇总

（1）照片资料。

（2）学生参与活动体会文章。

十二、舞动中国风

（一）主题

舞动中国风

（二）宗旨

（1）让学生更好地了解世界各国和中国各少数民族音乐。

（2）开拓学生的视野，丰富学生的知识面，培养学生的民族根。

（3）通过学习祖国民族民间音乐文化，培养学生的民族自豪感和爱国主义精神，从而形成他们的民族文化积淀，鼓励他们为民族的振兴和国家的富强而献身。

（三）实施时间

一学期

（四）实施过程

1. 课堂教学

（1）在课堂教学中渗透民族音乐歌曲、舞蹈、器乐等，结合国际理解教育特色课程，增进对世界各国特别是中国民族音乐文化的了解。

（2）教师结合音乐课本中的基础教学内容在课堂教学和第二课堂教学活动中进行不同民族音乐的拓展教学。

（3）不同年级的学生能了解至少一个少数民族的歌曲、舞蹈、音乐和乐器等内容。通过网络展示学生的演唱和表演。

（4）进行互听课、研究课共同研讨如何在教学中拓展少数民族音乐教学。

（5）教师对自己的教学进行反思与总结。

（6）教师及时、有效地收集与整理资料。

2. 实践活动

（1）欣赏不同民族的舞蹈。

（2）学跳一段民族舞，感受多姿多彩的民族文化。

（3）以班级为单位进行民族舞编排，培养热爱民族文化的情感，练就表现民族文化的艺术能力。

（4）举行一次"舞动中国风"民族舞展示活动，以年级为单位开展评比。

（5）举办一次优秀节目展演。

（五）反馈

（1）活动情况总结。

（2）校园论坛。

（3）表彰颁奖。

（4）活动资料收集。

"两纲"①教育主题活动方案

一、与责任同行　与梦想齐飞

（一）指导思想

围绕学校育人目标，以"责任意识"的养成为本学期教育核心，通过开学典礼的仪式教育和系列"责任"体验活动，展开责任教育，夯实育人根基，使学生在活动中明确学校德育要求，得到初步的"负责担当"体验和感悟。同时，激发学生自主自动参与活动的欲望，帮助学生积极愉快地践行德育准则，让德育实践活动助力学校少年规范行为的养成和发展。

（二）活动时间

9月1日—9月10日

（三）活动内容

1. 开学典礼

1）时间：9月1日7:40—9:05

2）欢迎仪式

（1）四、五年级队员代表在校门口与每一位到校的同伴礼貌招呼、热情击掌。

（2）与一年级新入学小朋友手牵手，走上红地毯，在"与责任同行，与梦想齐飞"相框中合影留念，在快乐、友爱的气氛中开启新学期。

2. 室外仪式

（1）升旗。

（2）暑期"扬四气，争四星"优秀队员代表发言。

---

① 《上海市学生民族精神教育指导纲要》和《上海市中小学生生命教育指导纲要》，简称"两纲"。

（3）校长宣布新学期德育活动主题词——责任,并宣布活动要点——对自己负责,对集体负责,对生命负责。

（4）书记与全校学生互动,简单明了地解读责任的含义,引导学生该如何做到"负责"。

（5）"我和2035有个约"集体歌舞。

（6）师生拥抱、合影、互送祝福。

3. "点亮责任之心"体验活动

（1）每班领取一张"责任争星"活动闯关卡。

（2）按照任务卡要求,完成"知责任""明责任""尽责任""悟责任"等四关任务,获得开学第一颗"责任星"。

（3）在责任星星上,写上新学期心愿和责任小目标,点亮这颗责任之星（一年级小朋友可以画一画,写上自己的名字,即可点亮责任之星）。

（4）每位同学将责任之星布置在班级中。

4. "我家最温馨,明责有担当"集体环境创建活动

（1）温馨教室创建:以创建温馨教室为载体,营造适合学生心理、人格成长的和谐氛围,让教室、校园成为学生成长的精神家园。在了解学生需求的基础上,激发学生合作创建温馨教室的激情。各小组认领、承包教室布置的任务,为班级添绿意、添书香。学生在活动中,了解职责要求,明确工作任务,尽心尽力投入集体文化的创建。

（2）"我家最温馨,明责有担当"主题班队会活动:签订班级公约、补充责任条款;讨论设定班集体内工作岗位,明确岗位职责要求;填写"责任活动教育手册",写下自己的岗位任务;了解学校行为规范守则等。学生在活动中明确责任要求,提高责任意识。

（3）安全校园创建:为校园设计增添安全、环保标语。

5. 童心童声,传感恩之情——教师节特别行动

（1）点滴行动,献深情厚谊:早晨大队委员在校门口给老师们送祝福和一份小惊喜。

（2）特别的爱,给特别的你:升旗仪式主题讲话,诗歌朗诵感谢师恩,全体学生以少先队队礼表达敬意,师生拥抱送上节日祝福。

（3）童心童声,传感恩之情:我给老师写评语。制作一张心意卡片,为心目中喜爱的老师写上评语,向老师献上一份特殊的节日礼物。

（4）勤学修德,不负恩师教诲:结合小小外交家行动,体会教师的工作,了解教师的使命和学生的责任。

（四）本单元行为规范培养重点

表1　行为规范培养重点

目标	自评	互评
进校： 穿戴整齐、佩戴领巾 鞠躬行礼、互相问好		
离校： 桌面地面干净整洁 电源门窗全部关闭 桌肚无杂物、纸篓清干净 晴天： 排队快静齐、离校有秩序 雨雪天： 教室耐心等、慢行保安全		
十分钟劳动： 准时开始、定岗定责		
晨间： 用品摆好、开窗透气 整理用品、静心阅读		

（五）阶段性评价

（1）责任主题手册活动自评、互评。

（2）评选责任之星。

（3）收集温馨集体氛围创设榜样，利用德育阵地多方式表彰、辐射。

（六）前期准备、人员分工

表2　前期准备与人员分工

内容	负责人员
开学周活动布置、协调	
责任教育主题活动手册	
开学周活动方案	
开学典礼主持稿	
开学电子屏内容制作	
开学音乐准备（进校、室外活动）	
开学典礼室外欢迎及典礼活动人员训练	
责任体验活动设计	
责任体验活动布置、协调	

(续表)

内容	负责人员
开学典礼及活动新闻稿	
活动摄影录像	
教师节活动宣传	
教师节活动新闻稿	
温馨教室评选反馈	
活动道具购买、制作	

事后关注：

（1）汇总开学活动反馈与亮点，形成新闻报道。

（2）了解教室布置与学生责任理解情况。

（3）掌握主题活动手册的解读与使用情况（每周一请一个班级同学朗读填写情况，分享执行情况）。

（七）活动闯关卡

> **"点亮责任之心"活动闯关卡**
>
> （一、二年级）
>
> 第一关：知责任
>
> 游戏——"认真倾听我能行"：分小组比赛传话游戏。
>
> 第二关：明责任
>
> 认真阅读书籍10分钟，能够安静阅读，有序归还图书。
>
> 第三关：悟责任
>
> 集体讨论——我在活动中做到了什么？
>
> 教师总结：
>
> （1）声音：安静阅读，耳语交流
>
> （2）步伐：轻声慢步，及时就座
>
> （3）物品：有序选择，爱护保管，整理妥当，及时归还
>
> （4）行为：积极思考，有所收获
>
> 我的双手是温柔的；我的话语是善良的；我认真倾听；我懂得保护自己；我可以对自己负责！
>
> 奖励：
>
> 闯关成功的小朋友都可以拿到一颗闪亮的责任之星！祝贺你！赶快把新学期的责任小目标和心愿写在责任之星上吧，一定能梦想成真哦！
>
> 最后，记得把自己的责任之星贴在教室里哦！

"点亮责任之心"活动闯关卡

（三年级）

第一关：知责任

小任务：合作创编课间小游戏

要求：与同伴讨论 10 分钟，创编文明有趣的课间小游戏，在班级里展示。

第二关：明责任

认真阅读书籍 10 分钟，能够安静阅读，有序归还图书。

第三关：悟责任

集体讨论——为集体负责，我能做些什么？

教师总结：

1. 声音：轻声游戏，不影响他人

2. 步伐：轻声慢步，及时就座

3. 物品：有序选择，爱护保管，整理妥当，及时归还

4. 行为：胜不骄、败不馁

我能保管好集体的物品；我能在不同场合使用合适的声音；我懂得尊重他人的想法和意见；面对困难，我可以尝试克服或寻求帮助；我能控制自己的情绪；我可以对集体负责。

奖励：

闯关成功的同学都可以拿到一颗闪亮的责任之星！祝贺你！赶快把新学期的责任小目标和心愿写在责任之星上吧，一定能梦想成真哦！

最后，记得把自己的责任之星贴在教室里哦！

"点亮责任之心"活动闯关卡

（四、五年级）

第一关：知责任

活动：认真阅读书籍 10 分钟。

要求：能够安静阅读，有序归还图书。

第二关：明责任

活动：与同伴一起玩 10 分钟桌面小游戏。

要求：轻声游戏，不影响他人；对游戏物品爱护有加，及时归还。

第三关：悟责任

集体讨论——为什么"阅读、游戏、锻炼"等活动也是我们的责任？对生命负责还可以怎么做？

教师总结：

1. 声音：控制音量，不大声叫喊

2. 步伐：不争不抢

> 3. 物品：有序选择，爱护保管，整理妥当，及时归还
>
> 4. 行为：积极锻炼，保障安全
>
> 作为高年级队员，我要全心全意做事，止于至善；体贴别人之需，乐于助人；三思而后行，理解他人感受；面对挑战，坚持不放弃；意识到自己的冲动、情绪和欲望，做出正确的选择；我可以对生命负责！
>
> 奖励：
>
> 闯关成功的同学都可以拿到一颗闪亮的责任之星！祝贺你！赶快把新学期的责任小目标和心愿写在责任之星上吧，一定能梦想成真哦！
>
> 最后，记得把自己的责任之星贴在教室里哦！

二、我爱我校，我爱我师

（一）活动目的

开展"我爱我校，我爱我师"主题系列活动。通过自觉爱护校园环境、寻找和捕捉校园的"美丽"等激发同学们爱我校园的责任感，从而进一步规范自己的言行，同心协力共建文明的绿色校园；组织学生开展庆祝教师节活动，表达对老师的感谢，构建师生情感，建立和谐的师生关系。

1. 活动一："我爱我师"庆祝教师节活动

1）活动时间

9月10日至9月17日

2）活动内容

（1）9月10日早上，举行颂扬教师的主题升旗仪式。

（2）低年级学生可以通过"我与老师合影""我跟老师说句悄悄话"等方式向老师表达节日祝福。

（3）开展"我的老师"小探究。学生通过一份小小的调查探究，能真正了解老师的工作，体会老师的辛劳，从而懂得尊师爱师，发自内心地说一声："老师，您辛苦了！谢谢您，老师！"

3）活动步骤

（1）"感恩教师"主题升旗仪式。

① 大队部撰写主持稿，挑选主持人进行相关培训和彩排。

② 9月10日（教师节），利用早操时间举行"感恩教师"主题升旗仪式，并做好相关活动的文本、照片记录。

（2）低年级学生"我与老师合影""我跟老师说句悄悄话"活动。

① 通过升旗仪式、午会广播、大队委员例会等形式向学生宣传活动形式和要求。

② 学生将自己的心里话写下来，把与老师的合影交给自己的老师。大队部做好相关资料备份、照片记录。

(3)"我的老师"小探究活动。

① 通过升旗仪式、午会广播、大队委员例会等形式向学生宣传活动形式和要求。

② 下发小调查表,通过一周时间对老师工作的观察和了解,记录点滴想法。大队部做好整理和备份照片记录。

2. 活动二:"我爱我校"营造宁静、和谐的校园活动

学校是学生熟悉的场所,是他们生活的乐园。让学生从学校的设施、环境、人员等方面多角度地了解学校、关爱校园,培养学生的责任感,并把对学校的热爱细化聚合到实际行动和日常小事中来,共同努力创建一个礼仪、绿色、和谐的校园。

1)活动时间

9月

2)活动内容

(1)弯弯腰。多走几步,进入"弯弯腰"行动当中,从我做起,从点滴小事做起,并把这些小小的行为转换成朗朗上口的温馨提示语,以此时时提醒自己要做文明人,时时都做文明事。

(2)儿歌诵读话常规。学习《小学生一日常规》《学校礼仪教育读本》,规范礼仪,做文明的小学生。

(3)小手拉大手。把爱文明、爱卫生、爱健康的精神带进社会,带入家庭,带动一个家庭成员,用自己的实际行动影响家庭成员和社会公民,让每一个家庭成员参与到这个活动中来,做好校园内外及家居环境卫生,形成一种良好的卫生习惯。

(4)寻找校园里"最美丽的人"——学会关心和尊重校园里的后勤工作人员。我们每天都能在校园里看到他(她)们,却从没有注意过他们,他们神秘而低调,却总能在看似随意中给你最关键的提醒……他们洒下辛勤的汗水,令校园更加美好,默默无闻却坚持不懈。让我们一起走近他们,学会关心他们,用自己的言行给予他们尊重和关爱。

(5)捕捉校园"最美时刻"——用笔、相机记录校园里的文明小故事和美丽瞬间。校园里面故事多,无疑还有许多令人难忘的风景。能不能用你手中的笔、相机记录下这些,展示学校美丽的校园风光和和谐的校园生活?

3. 活动步骤

(1)大队部通过升旗仪式、午会广播、大队委员例会等形式向学生宣传活动形式和要求。

(2)通过老师的指导和帮助,学生积极参与。大队部做好整理和备份照片记录,并组织校区内的评选。

三、小学学生社会实践活动实施方案

(一)指导思想

通过基于国际理解教育理念的多元课程和人文环境,初步培养具有创造未来幸福生活的综合素养,成为兼具民族情怀、国际视野,体现学校特质的终身学习者和未来建设者,通过实践活动课程的开发与实施,培养学生活动的自主性、探究性、合作性,使学生在丰富多彩的探究性学习活动中学会发现,学会探究,学会合作,形成发现问题与解决问题的能力。

（二）活动目的

以学生社会实践活动为载体,带领学生走出课堂,走出学校,融入社会,关注大自然、关心社会、关爱生活,通过参观、考察、实践、采访、调查、搜集资料等教学形式,促使课内与课外相结合,学习与活动相结合,增加对社会的认识和理解,提高社会生活能力和综合素养,达到开阔视野、陶冶情操、丰富知识、锻炼意志、提高能力、培养团队精神和合作意识的目的,要通过实践活动,让学生体会到成长的快乐、学习的快乐、合作的快乐,让学生有所收获,有所提高。

（三）参与对象

全体师生

（四）参与形式

一、二年级:学校春、秋季社会实践活动、家庭亲子活动。

三、四、五年级:学校春、秋季社会实践活动、雏鹰假日小队活动。

（五）活动要求

1. 学校秋、春季社会实践活动

表3　学校春秋季社会实践活动

年级	主题	活动目的	活动地点
一年级	爱自然	通过观察大自然中动植物的特点,寻找大自然的足迹,激发学生观察自然,热爱自然之情	(1) 华亭人家 (2) 上海共青森林公园 (3) 长风公园+长风海底世界
二年级	爱上海	了解上海的变迁,领略上海珍贵的民间文化,感受上海深厚的人文历史,激发学生热爱上海之情	(1) 东方明珠+后滩公园 (2) 顾村公园(民族文化展示馆) (3) 上海城市规划馆(+环球金融中心)
三年级	爱生命	通过拓展训练活动,帮助学生认识生命、珍惜生命、尊重生命、热爱生命,提高生存技能,提升生命质量,初步懂得生命的价值观	(1) 上海野生动物园 (2) 青青旅游世界+佘山天文台或民防 (3) 上海科技馆
四年级	爱科技	通过社会实际,研究身边的科学,探索身边科学的奥秘,掌握有关的科学知识、技能,在科技实践活动中培养学生的创新意识和创造能力	(1) 上海航海博物馆+滴水湖 (2) 上海自然博物馆 (3) 上海汽车博物馆+嘉定汽车城
五年级	走向世界	了解上海国际化大都市的城市特色,探索上海地区的国际化元素	(1) 东方绿舟 (2) 毕业班课程 (3) 杜莎夫人蜡像馆+2050生活馆

注:活动地点中,"1"为秋季社会实践活动地点,"2"为春季社会实践活动地点,"3"为备选地点(室内活动)

2. 学生雏鹰假日小队活动

1）建小队

根据自己的兴趣爱好和居住地的远近选择情投意合又相互住得近的小伙伴组成小队。人数少,办事灵活,一般在 7 人以内。要求男女同学都有。

2）取队名

互相讨论,取一个生动而有意义的队名,可以设计队旗,要体现大伙的意愿和小队的奋斗目标。

3）选队长

队员们首先要民主选一个一致拥护的小骨干当常任队长。然后,常任队长再根据队员自荐、推荐相结合,请队员轮流担任执行队长,自己则起辅助作用,帮助执行队长搞好工作。

4）找基地

根据各年级社会实践活动主题,利用居住地所在的社区自然条件和社会环境,形成相对固定的小队活动场所,开展各种小队活动。

5）聘辅导员

聘请执行队长的家长轮流担任特邀辅导员,因人制宜,用其所长,最大限度地发挥广大家长和其他热心人士的指导作用,为小队活动提供资源及安全保障。

（六）安全保障措施

1. 学校管理方面

（1）与相关旅游公司做好充分沟通,就社会实践活动路线与行程、价格、车辆安排、导游资质等各类事项达成共识。

（2）召开全体教工会议。下达消息讲解活动当天的行程,让全体教工对行程有大致的了解。同时提醒出行时应该注意的问题,例如不要私自离队独立行动,注意人身财产安全、关注学生活动安全等。

（3）下发告家长书,由家长签字确认参与与否。

（4）出发前,德育项目组完成活动当天工作人员的安排。各年级配备行政人员全面负责;各班级配备搭班教师协同班主任负责学生活动安全。

（5）开展学生安全教育。并做好有关出游安全、礼仪方面的宣传,维持秋游当天学生的活动秩序。

（6）活动过程中,及时了解学生情况,妥善处理突发事件,结束后做好活动的总结和反馈工作。

2. 教师方面

加强学生的安全与礼仪教育,活动中,班主任和配班老师全程跟班活动,保障学生安全,督促学生不要戏弄动物,文明观赏、不乱扔垃圾,保证活动区域的整洁。

教育学生如果与班级队伍走散,应就地停下,如发现同校的其他班级师生,应马上跟上,并通过其他班级老师联系本班师生。班主任发现学生走失,应马上电话通知其他带队教师关注并寻找。

活动结束后,各班进行活动总结,及时表彰好人好事。填写好班级实践活动反馈表,为下次校外实践活动积累经验。

3. 家长志愿者方面

(1) 主动关心小队活动,提供活动资源、活动场所,帮助小队成员制定活动计划。

(2) 指导小队活动,确保活动顺利开展。

(3) 加强与中队辅导员的沟通、联系和反馈。

(4) 关注活动安全,结合活动内容开展学生行为规范的指导。

4. 学生方面

学生自愿参与活动,填写回执;不参与活动的学生需由家长提供请假条,同时班主任电话联系确定。

5. 行为规范、礼仪要求

(1) 乘车的礼仪(车内不吃零食;小声说话,不影响他人;上车主动向司机问好,下车表示感谢;请晕车的同学备好马甲袋,如有状况及时告诉老师等)。

(2) 活动过程中,听从老师和导游的安排,遵守秩序,不抢先,不拥挤,同学之间互相帮助,不得随意离开队伍,一定需要离开,如需上厕所要向老师汇报。

(3) 做环保小卫士:带好备用的垃圾袋,用餐后的垃圾及时清理,不乱扔垃圾。

(4) 同学之间要互相帮助。

如发生突发事件,班主任应及时向本年级分管行政领导汇报,年级行政负责老师向校区校长汇报,并及时采取有效措施妥善处理,若发生学生伤害事故需及时通知家长。

四、传递爱心,放飞梦想——庆“六一”活动方案

(一) 活动目的

1. 举行表彰大会

通过表彰本学年优秀学生、优秀队集体、优秀辅导员、学校“好爸爸”“好妈妈”,发扬先进、树立榜样,展现少先队组织的活力与风采,展示家校联合会的工作成果。

2. 组织义卖、义演活动

发扬团结、互助的美德,培养学生爱心和责任感,让学生通过参与活动,过一个精彩、欢乐、富有意义的“六一”国际儿童节,真正体会用自己的能力帮助有困难的人是快乐的。

(二) 活动前期准备

(1) 召开德育干部例会,统一思想、明确工作要求,落实分工。

(2) 由少先队大队部制定评优方案,根据学校优秀学生评选细则,开展优秀学生的推荐和评选工作。根据学校优秀集体评选条件,各校区、各年级开展优秀集体的推荐和自荐工作。

（3）由少先队大队部制定义卖和义演活动方案，德育组负责落实两项活动的前期宣传动员工作。

（4）召开班主任会议，帮助班主任进一步明确活动内容、具体安排和活动要求，使活动落实更到位。

（5）召开校区家校联合会会议，根据学校"优秀家长"评选细则，由校家校联合会落实"优秀家长"评选。鼓励评选出的优秀家长参与学生义卖和义演活动，用实际行动做学生的榜样。

（三）**活动宣传阶段**

通过学校闭路电视，帮助学生了解雅安地震灾区的受灾和重建情况，引导学生为雅安儿童祈福，尽自己所能通过义卖和义演等筹集善款，帮助受灾的同胞、灾区的学生进行灾后重建。

（四）**系列活动**

1. 表彰大会

1）时间

6月1日上午（第一部分活动）

2）表彰大会议程

（1）领导入席、队仪式（献红领巾、宣布表彰大会开始、出旗、唱队歌）。

（2）节日的祝福：学校领导致节日贺词；舞蹈表演（瑞华校区）。

（3）优秀学生颁奖。

① 宣布二星级好少年名单并颁奖。

② 宣布三星级好少年名单并颁奖。

③ 宣布浦东新区优秀少先队员名单，颁发四星级奖章。

④ 宣布浦东新区十佳少先队员、上海市优秀少先队员名单，颁发五星级奖章。

⑤ "好少年"获奖代表演讲。

（4）优秀集体颁奖。

① 宣布校、区优秀雏鹰假日小队名单、颁奖。

② 优秀假日小队节目表演。

③ 宣布校优秀雏鹰集体名单、颁奖。

④ 宣布区、市优秀雏鹰集体名单、颁奖。

⑤ 优秀雏鹰集体节目表演。

⑥ 宣布校优秀辅导员名单、颁奖。

⑦ 优秀辅导员发言。

（5）优秀家长表彰。

① 宣布福山"好爸爸""好妈妈"名单、颁奖。

② 获奖家长代表发言。

（6）队仪式。

呼号、退旗、主持人宣布表彰大会结束。

表彰大会具体工作安排、负责人：

表4　表彰大会工作安排与人员分工

具体工作	负责人
协调、指挥	
会务工作、奖状、奖品准备	
领奖队伍指挥	
主持稿撰写、主持人、礼仪队、旗手	
音响、摄影、摄像	
课件制作、播放	
活动报道	

2. 义卖活动

1）时间

6月1日（第二部分活动）

2）地点

学校操场

3）活动前期准备

（1）每位学生准备1~3件参加义卖的物品（玩具、文具、书籍），物品要求八成以上新，在物品上贴好写有价格的标签。

（2）各班做好义卖物品的收集、登记。

（3）学生活动礼仪教育：让学生明确活动要求、活动规则，做好安全教育，教育学生自觉遵守活动场所秩序（不大声喧哗、不追逐打闹等、不争抢等），在义卖活动的实践体验过程中使用文明用语，注重礼仪礼节，展现学生良好形象。

4）义卖活动过程

（1）各班级工作人员（本班班主任、副班主任、小干部4~5名、家长义工1~2名）组织开展义卖活动，保证活动的有序进行。

（2）每个班级在操场上设立一个展台。请小干部、家长义工负责出售班级的义卖物品，其他同学可到全校各个班级的展台前去购买物品。

（3）各班卖出的物品在表格上作好记录。

5）活动后续工作

（1）各班清点好义卖所得的钱款，做好总数的统计。

（2）组织学生代表在义演活动现场捐赠义卖钱款，及时做好活动小结。

6）义卖活动具体工作安排、负责部门

表5 义卖活动工作安排与人员分工

任务	负责部门
通过闭路电视进行活动动员、宣传	德育项目组
学生活动礼仪教育、安全教育	德育项目组
收集、整理学生的义卖物品	班主任
义卖活动现场协调、指挥	校长室、校办、大队部
摄影、摄像	信息组
活动后续报道	德育组

3.“情系雅安、爱心无限”义演

1）时间

6月1日（第三部分活动）

2）会场安排出席人员

学生代表、学生演员、教师代表、校级家校联合会家长、“好爸爸”“好妈妈”代表。

3）活动准备

（1）学生义演节目的排练，以外语节开幕式节目为基础，进行适当调整。

（2）义演活动向学生和家长宣传动员，落实出席义演活动学生、教师和家长。

（3）义演活动场地布置、背景、捐款箱和爱心贴等准备。

4）义演活动议程

（1）领导讲话。

（2）节目演出（12个）。

（3）节目演出间隙分三次进行募捐。

（4）现场募捐一：学生捐款（学生代表），现场采访学生。

（5）现场募捐二：教师捐款（教师代表）。

（6）现场募捐三：家长捐款（家长代表），现场采访家长。

（7）总结募捐成果、宣布结束。

5）活动后续

本次义演活动现场募捐的善款全部用于四川地震灾区的重建以及资助孤儿，使他们能继续生活和学习。

五、师生情 同学谊 感恩母校 放飞梦——小学五年级毕业活动方案

（一）活动目的

通过“四个一”活动以及庄严而隆重的毕业典礼仪式，回顾五年来的成长历程，展现学习成果，激发对福山五年小学生活的怀念，增进对学校的热爱。感恩老师、父母在自己成长过程中的付出，感受同学间真挚的友情，激发学生为自己是福山学子而自豪

的美好情感,以及尽自己所能感恩社会、回馈社会。

（二）活动时间

6月(学生毕业季)

（三）活动内容

1. 感恩母校,留下难忘的回忆——毕业课程

五年级同学通过离校前的一周活动,回顾在福山美好的校园生活,感受浓浓的师生情、生生情,感悟成长的过程中收获的美好品质,并永存福山形象少年的品质,让其成为自己一生的财富。

1）一本留言册

制作一本个人毕业留言册,邀请老师、同学留言,也可以在他人的留言册上写下自己对同学的祝福,对老师的感谢,或者是未曾道歉的话语等,表达自己对老师、对同学最真挚的情感。

2）一张集体照

拍摄一张班级集体照、小队集体照,也可以在校园里拍摄同学们校园生活的照片,记录美好的校园生活,留下难忘的记忆。

3）一个故事

回忆自己五年来最难忘的瞬间,体现师生情、生生情以及在校园中成长的故事,记录下来,与大家分享。

4）一份成长记录

寻找自己入学以来的一些旧日物品,如作业本、绿领巾、成长记录册等,回忆自己慢慢长大的过程,感悟在自己成长过程中,父母老师所付出的辛劳。

5）一次主题班会

以主题班会的形式,分享五年校园生活的感受,可以邀请科任老师、家长共同参与,对家长老师表现心中的感恩,展现福山少年的形象。

2. 放飞梦想,我们从这里起航——毕业典礼仪式

议程如下:

1）校长寄语

2）昨日,我们的足迹……

(1) 成长的足迹(播放学生五年生活的照片和视频)。

(2) 学生节目一:诗歌朗诵(全场互动)。

(3) 毕业生代表发言(回顾五年的小学生活)。

(4) 学生节目二:歌舞表演。

3）今天,我们对您说……

(1) 感恩母校,感谢师恩。

学生向任教老师献花,请老师上台,学生以校区为单位感谢师恩。

(2) 毕业班老师集体节目。

4）明天,我们将启航……

（1）家长代表发言。

（2）学生节目三:乐器演奏。

（3）校长向毕业生颁发毕业证书和毕业纪念册并留影。

（4）重温福山少年誓词。

（5）师生拥抱表达情谊。

3. 我成长,我收获,我快乐——毕业主题班会

1）生活回顾

学生通过演讲、实物展示(作业、作品、物件等)、视频播放等形式,展现五年小学学习的成果。

2）共话情谊

敞开心扉,师生、生生、家长对老师和学生说出自己内心最想说的话,表达最深、最真的情感。家长、老师可以给学生提出希望,学生之间可以说出曾经想说但没有说的,或者是给同学留言。

3）风采展示

以小队为单位进行风采展示,同时穿插个人才艺展示,体现成长的过程与收获。

4）回馈社会

捐赠自己旧的书籍(教科书、课外读物)、学习用品等,由家委会整理打包,捐赠给需要的小伙伴。

5）合影留念

各班同学合影留念,留下值得纪念的瞬间,增进对母校的热爱和留恋。

六、小学阶段第一学期家长会方案

（一）家长会召开时间

第一学期期中

（二）家长会议程

（1）学校层面整体培训:学校教育教学活动介绍。

（2）班级层面家庭教育培训:有主题开展家庭教育指导。

（3）学科组层面指导培训:语、数、英学科教师针对性进行学习方式指导。

（4）班级家委会层面工作计划;晨间护校工作、父母老师进课堂、指导开展学生活动等。

（三）主题家庭教育指导要点

1. 一、二年级

1）主题

好习惯伴我成长

2）要点

培养良好的学习习惯：

（1）帮助孩子树立起把学习当作重要而严肃的事情来对待的态度。

（2）帮助孩子养成全神贯注、集中注意力完成学习任务的习惯。

（3）帮助孩子养成多提问、会倾听的习惯。

（4）引导家长正确对待孩子的学习成绩。

提示：在培养孩子良好学习习惯时，要做到循序渐进，每次提出一两项要求；孩子做到后应及时表扬、鼓励，使孩子产生积极的情绪体验。培养习惯要持之以恒，反复抓、抓反复。家长应该身体力行，让孩子沐浴在良好的家庭学习氛围中。

2. 三、四年级

1）主题

掌握学习方法、提高学习效率

2）要点

掌握正确的学习方法、合理安排学习时间：

（1）指导孩子认识到掌握正确的学习方法，不仅能提高学习效率，还有助于学习潜能的发挥和学习能力的提高。

（2）教孩子遇到问题不要急于问别人，学会先思考、探索和实验，培养孩子自学的能力和自信的心理品质。

（3）帮助孩子学会自我检查和自我评价。为孩子准备一本"纠错本"，帮助孩子认清薄弱环节，加强训练，提升学业水平。

（4）让孩子养成阅读的习惯，较强的阅读能力是孩子提升学业能力的有益补充。家长可精选书籍和孩子共同阅读，增加孩子的阅读兴趣。

（5）帮助孩子学会合理安排时间。

3）提示回家行动八部曲

放好书包换鞋衣；讲究卫生把手洗；然后喝水吃东西；赶紧坐好先复习。在做作业心有底；检查对错须仔细；明天任务要预习；收拾书包要细致。

3. 五年级

1）主题

制定目标规划未来

2）要点

帮助孩子共同设定成长的目标：

（1）家长引导孩子做学习的主人，和孩子一起设定进步的目标。

（2）家长与孩子就社会热点问题进行对话交流，让他们从健康的视角看问题。

（3）引导孩子学会阅读，让优秀的作品唤起孩子的高尚情怀和崇高的思想。

（4）鼓励孩子参加学校组织的各类实践活动，拓展学生知识面，提高学习兴趣、培养社会责任感。

（5）要从孩子实际出发，帮助孩子挖掘学习潜能，从而品尝成功的喜悦。

3）提示

五年级是小学阶段的最高年级,在这一年中,教师应鼓励家长主动与教师沟通,了解学生的学业情况,并与学生一起具体分析其现有的学业水平、学习能力、兴趣爱好,帮助学生成为有理想、有志向的人。

（四）家长会注意事项

1. 准备充分

（1）整理好开学至今的班级情况、孩子们的发展情况,抓住要点进行沟通。

（2）邀请有经验的家长共同开展主题家庭教育指导。

（3）做好班级环境布置：黑板、视频、课件等。课件主要反映班级学生开学以来的学校生活,建议从课堂、作业、活动、课间、班级课外活动等方面反映,也请学科老师给班主任提供照片或作业等资料。

（4）教室桌椅摆放建议采用围坐形式,便于交流。

（5）建议各校区大屏幕播放学生校园活动照片。

2. 营造民主、平等的沟通氛围

教师要有民主、平等的思想意识,以真诚的态度帮助家长分析学生的现状、问题,寻找最佳的教育途径,共同来做好学生的教育工作,切忌以居高临下、盛气凌人的态度来对待学习或纪律方面存在问题的学生的家长,这样不利于形成教育合力,只会造成教师与家长间的隔阂与矛盾。

3. 公开表扬,含蓄批评

家长会是为了帮助学生家长了解情况,解决问题而召开的,其间少不了要表扬一部分学生,批评另一部分学生,这就要求班主任要处理好表扬与批评之间的关系,基本原则是"公开表扬,含蓄批评"。这样才能既解决了问题,又维护了家长和学生的尊严。如遇个别学生问题比较突出,需要与家长个别接触,进行真诚的交流、沟通,以期取得相互谅解与支持,切忌在公开场合进行点名批评。

4. 发挥年级组、学科组集体力量,商议讨论家长会相关事项

年级组长和校办关注新进福山和新班主任老师的前期准备工作,为新班主任家长会备课把好关。

七、小学阶段第二学期家长会方案

（一）家长会召开时间

第二学期期中

（二）家长会主题及指导要点

1. 一年级：注重生活能力的培养,辅助学习能力的形成

（1）养成有规律的作息制度,尤其要培养孩子按时睡觉和按时起床的习惯,每天吃好早餐,增强体质。

（2）让孩子参与劳动,学习基本的生活技能,指导孩子从小事做起,从身边做起,

从现在做起。例如叠被子,洗袜子,扫地,洗碗,整理书架等,不要对孩子在劳动中表现出的不足责备过多,同时克服物质刺激的负面影响。

(3)教育孩子学会关心、讲究诚信。家长在给予爱的同时,要引导孩子对爱自己的人产生感激之情和回报之心。教育孩子讲诚信,答应别人的事要说到做到,借别人的东西要按时归还,做游戏要讲规则等,家长要重视在孩子面前的率先垂范作用,不帮孩子圆谎、不替代孩子完成学校布置的一些课外任务,自觉抵制一些不诚信的行为。

2. 二年级:培养孩子的责任心,学会尊重他人

(1)认识到每一件小事都是培养孩子责任心的开始,有意识地交给孩子一些任务,锻炼孩子独立做事的能力。

(2)让孩子对自己的过错行为负责,鼓励孩子勇敢地承担责任。

(3)适当让孩子了解一些父母的忧虑和难处,帮父母分担责任,树立小主人意识,从而珍惜幸福的家庭生活。

(4)教育孩子尊重他人就是尊重自己,从日常的小事开始尊重身边的每一个人。

3. 三年级:帮助孩子树立正确的学习方法

(1)让孩子知道方法比答案更重要。当孩子在学习中存在困难时,家长不要直接告诉孩子答案,要给予他得到答案的方法,帮助他认清原因。

(2)让孩子养成阅读的习惯。和孩子共同阅读,增加孩子的阅读兴趣,逐渐发展为孩子自己喜欢看书,最终养成爱好阅读的好习惯。

(3)让孩子学会信息的选择、提取、运用和归类。学习使用电脑和网络,会利用图书馆等,利用双休日走进图书馆。

(4)让孩子学会自我检查和评价。为孩子准备一本"纠错本"是可以尝试的一种做法,可以帮助孩子和家长认清薄弱环节,加强训练,及时弥补。

4. 四年级:努力激发和保持孩子的学习兴趣

(1)家长不要过多地用分数去逼迫孩子学习,对孩子失败中的积极因素要充分加以肯定并探讨改进的方案。

(2)要鼓励孩子随时随地问各种各样的问题,共同进行分析商讨。

(3)始终鼓励孩子自己去尝试解决问题,鼓励孩子不断扩大知识面。

5. 五年级:知感恩　明责任　懂尊重

(1)责任心是社会中为人处事的基本要求,是孩子健全人格的基础催化剂。

(2)家长要让孩子学会对自己负责,对家庭负责,对他人负责,从而对社会负责。

(3)每一件小事都是培养孩子责任心的开始;有意识地交给孩子一些任务,锻炼孩子独立做事的能力,鼓励孩子做事情要有始有终;事后要有检查、督促以及对结果的评价,以便培养孩子持之以恒、认真负责的好习惯。

(三)家长会议程

1. 第一部分:家委会层面工作计划

内容:本学期家委会主要工作、家庭探究活动等

2. 第二部分：学校层面主题培训

1）有主题开展家庭教育指导（教师、学生家长座谈）

各班结合上述家庭教育指导要点和本学期学校工作重点，请家庭教育中比较成功的家长谈谈教育的体会，给更多的家长一些启示。老师可以结合本学期学校开展的"责任"主题教育，引导家长采用科学、有效的家庭教育方法。

2）语、数、英学科老师介绍班级学习情况

建议客观地分析学生学习情况和存在问题，给予家长一些教育的方法，多鼓励少批评。

3）围绕主题探究点，家庭层面开展自主探究活动，展开讨论，分享金点子

组织、动员家长共同参与学生的探究活动，让家长们懂得，家长关心越多，孩子收获越多。

（四）注意事项

1. 准备充分

(1) 整理好开学至今的班级情况、孩子们的发展情况，抓住要点进行沟通。

(2) 邀请有经验的家长共同开展主题家庭教育指导。

(3) 做好班级环境布置：黑板、视频、课件等。课件主要反映班级学生开学一个月的学校生活，建议从课堂、作业、活动、课间、班级课外活动等方面反映，也请学科老师给班主任提供照片或作业等资料。

(4) 教室桌椅摆放建议采用围坐形式，便于交流。

(5) 建议学校大屏幕播放学生校园活动照片。

2. 营造民主、平等的沟通氛围

教师要有民主、平等的思想意识，以真诚的态度帮助家长分析学生的现状、问题，寻找最佳的教育途径，共同来做好学生的教育工作，切忌以居高临下、盛气凌人的态度来对待学习或纪律方面存在问题的学生的家长，这样不利于形成教育合力，只会造成教师与家长间的隔阂与矛盾。

3. 正面引导，多元评价

对于学生个人或集体存在的一些需要改进的方面，教师可以采用正面引导的方式给家长提供一些值得学习的教育方法，让家长有方法可依循。教师要善于挖掘学生身上的闪光点，对学生开展多元评价，肯定其优点，然后再提出需要改进的方面，以便于家长对教师产生认同感而积极支持、配合教育工作。

4. 发挥年级组、学科组集体力量，商议讨论家长会相关事项

年级组长和校办关注新进福山和新班主任老师的前期准备工作，为新班主任家长会备课把好关。

参考文献

［1］张孝文.加强和改进学校德育工作促进社会主义精神文明建设［J］.高校理论战线,1995(01)：4－8.

［2］王啸,鲁洁.德育理论：走向科学化与人性化的整合［J］.中国教育学刊,1999(03)：16－20.

［3］张志强,成功.中小学德育的历史、现状与趋势［J］.德育研究,1999(07)：8－11.

［4］檀传宝.德育原理年［M］.北京：北京师范大学出版社,2006.

［5］黄孙庆,唐海德.改革开放之德育研究三十年［J］.教育史研究,2008(01)：449－452.

［6］刘鹏飞.当前中学德育工作存在的问题及对策［J］.学校党建与思想教育,2012(02)：22－24.

［7］鞠忠美.对大中小学德育衔接工作的思考［J］.当代教育科学,2012(23)：58－59.

［8］张剑.认真落实立德树人根本原则［J］.教育研究,2017(11)：10－12.

［9］教育部基础教育司.中小学德育工作指南实施手册［M］.北京：教育科学出版社,2017.

［10］冯建军.改革开放40年中国德育事业的发展历程［J］.中国德育,2018(20)：7－18.

［11］孙霄兵.改革开放以来我国基础教育改革主要政策走向及启示［J］.人民教育,2018(21)：13－19.

［12］郑先,郭芳.新时代背景下德育的逻辑与路径［J］.教育现代化,2018(49)：383－385.

［13］吕玉刚.《中小学德育工作指南》将成中小学德育工作的基本遵循［J］.人民教育,2017(18)：44－47.

［14］冀晓萍.《中小学德育工作指南》专家讲解［J］.人民教育,2017(18)：48－52.

［15］陶六一.加强中小学劳动教育发挥劳动综合育人功能［J］.中国农村教育,2015(10)：10－11.

［16］龙娟娟,王琦.劳动教育与学科实践活动课程融合的探索［J］.天津教育,2019(15)：148－150.

［17］张涛.劳动教育在基础教育阶段的实施途径探索［J］.中国德育,2018(24)：9－10.

［18］刘竑波.中小学人格教育的忧思与期待［J］.中国德育,2019(19)：26－31.

［19］阿尔弗雷德·阿德勒.儿童人格教育［M］.戴光年.译,长春：吉林出版集团有限责任公司,2014.

［20］程云怡.蔡元培健全人格教育思想浅析［J］.长江丛刊,2018(001)：60.

［21］钟启泉.“核心素养”的“核心”在哪里？［J］.内蒙古教育 A：2016(6)：33－34.

［22］赵同森.解读人本主义教育思想［M］.广州：广东教育出版社,2006.

［23］毛玉华,孙华美.小原国芳的全人教育思想述评［J］.重庆科技学院学报：社会科学版,2008(11)：190－191.

［24］李伟强,甘超.青少年学生健全人格的涵义及其培养［J］.衡阳师范学院学报,2008(04)：141－143.

［25］杨丽珠.中国儿童青少年人格发展与培养研究三十年［J］.心理发展与教育,2015,31(1)：9－14.

［26］翁铁慧.大中小学课程德育一体化建设的整体架构与实践路径研究［J］.上海师范大学学报(哲学社会科学版),2018,47(5)：5－12.

［27］黄向阳.德育原理［M］.上海：华东师范大学出版社,2018.

［28］叶晓楠.社会主义核心价值观：传承民族精神　凝聚中国力量［J］.人民日报,2016－02－27.

［29］袁贵仁.坚持立德树人　加强社会主义核心价值观教育［J］.人民日报,2014－05－23.

［30］中共中央文献研究室.习近平关于社会主义文化建设论述摘编［M］.北京：中央文献出版社,2017.

［31］许芳杰.中小学研学旅行：现实困境与实践超越［J］.教育理论与实践,2019(11)：6－8.

［32］杨永双,邵瑞劲.中小学研学旅行的发展思路与运行机制研究［J］.现代中小学教育,2018(03)：86－91.

［33］张慧敏,程琳.行走的课堂：研学旅行的现实困境与课程实施构想［J］.教育观察,2019(42)：29－30.

［34］祝胜华,何永生.研学旅行课程体系探索与践行［M］.武汉：华中科技大学出版社,2018.

［35］钟林凤,谭净.中小学研学旅行课程实施的困境及其破解［J］.教学与管理,2018(36)：61－63.

［36］朱洪秋.“三阶段四环节”研学旅行课程模型［J］.中国德育,2017(12)：16－20.

［37］丁运超.研学旅行：一门新的综合实践活动课程［J］.中国德育,2014(09)：71－73.

［38］王宇.大数据背景下中小学德育工作评估指数的研发［J］.教育参考,2019(5)：44－55.

［39］孙权.抓德育评估　促德育建设［J］.北京高等教育,1999(Z1)：3－5.

[40] 叶飞,李会松. 德育评价：由封闭性走向开放性[J]. 中国德育,2006(6)：20 - 22.

[41] 万玮. 班主任兵法[M]. 上海：华东师范大学出版社,2008.

[42] 吴传毅. 新时代党的全面领导与党的建设[M]. 北京：中共党史出版社,2018.

[43] 吴勇林. 以"红色引擎"驱动德育特色发展[J]. 中国德育,2018(21)：68 - 70.

[44] 齐学红,袁子意. 班主任工作十日谈——新手上路[M]. 北京：教育科学出版社,2015.

[45] 万玮. 班主任兵法[M]. 上海：华东师范大学出版社,2004.

[46] 周凤林. 班主任攻略[M]. 哈尔滨：黑龙江人民出版社,2008.

[47] 李燕,黄舒华,张筱叶,俞凯. 父亲参与及其对儿童发展影响的研究综述[J]. 外国中小学教育,2010(05)：18 - 23.

[48] 刘秀丽,赵娜. 父亲角色投入与儿童的成长[J]. 外国教育研究,2006(11)：13 - 18.

[49] 周波,张智. 美国儿童发展中父亲影响作用研究综述[J]. 当代青年研究,2004(02)：47 - 51.

[50] 王济昌. 现代科学技术名词选编[M]. 郑州：河南科学技术出版社,2006.

[51] 陈红. 新媒体时代家校协同教育的创新[J]. 教学与管理(中学版),2018(007)：22 - 24.

[52] 翟全伟. 共享与参与：新媒体时代的教育[J]. 中国成人教育,2018(016)：32 - 35.

[53] 陈小秋. 信息技术平台在家校沟通中应用的研究[D]. 金华：浙江师范大学,2018.

[54] 桑晓斐. 信息媒介语境下的家校沟通及其有效性分析——基于日照市Z小学的调查研究[D]. 山东：曲阜师范大学,2018.

[55] 张宁,周晓欣. 家校微信群中教师的角色定位思考[J]. 教学与管理,2019(24)：74 - 76.

[56] 余兰,魏善春. 家校微信群沟通功能的异化与重构[J]. 教学与管理,2019(16)：22 - 25.

[57] 李萌. 管理规范,彰显价值——静安区中小学班级微信群建设研究[J]. 现代中小学教育,2019,35(11)：58 - 62.

[58] 李娜. 沟通行动理论视角下家校微信沟通问题研究[D]. 沈阳：辽宁师范大学,2019.

[59] 张永华. 自媒体时代家校沟通的原则与途径优化[J]. 中学课程辅导(教学研究),2020,14(1)：138.

[60] 张媛媛. 基于网络平台的小学家校合作现状的调查研究[D]. 石家庄：河北师范大学,2019.